国家社会科学基金重点项目"中国新型职业农民培育政策体系构建的路径与机制研究"（17AJY016）成果

新型职业农民培育政策体系构建的路径与机制

吴易雄　著

科学出版社

北京

内 容 简 介

新型职业农民培育政策是推动新型职业农民和农村经济高质量发展的法宝。本书从理论、实证和应用三个方面系统研究了新型职业农民培育政策体系构建的路径与机制问题。以各类新型职业农民为研究对象，紧紧围绕我国新型职业农民培育"为什么要构建政策体系（背景问题），怎样构建政策体系（路径问题）以及如何执行好政策体系（机制问题）"这三个重大问题，创新性地采用多学科的研究方法，运用经济学等多学科的理论，从多学科视角对多项内容进行了系统性、可靠性和规范性的研究以及全面、精当的阐述，得出了一些重要研究结论，提出了一些可行性政策建议，形成了系统完整的知识结构，构建了我国新型职业农民培育政策体系，得到了省部级以上党政领导批示并被有关部门采纳，发挥了较好的决策咨询和实践指导作用。

本书可作为经济类、管理类、教育类专业师生的参考书，也可供相关科研单位、管理部门及决策部门人员参考阅读，还可用于农民教育培训机构的教材。

图书在版编目（CIP）数据

新型职业农民培育政策体系构建的路径与机制/吴易雄著. —北京：科学出版社，2022.12
ISBN 978-7-03-071585-2

Ⅰ. ①新… Ⅱ. ①吴… Ⅲ. ①农民教育－职业教育－教育政策－研究－中国 Ⅳ. ①G725

中国版本图书馆 CIP 数据核字（2022）第 029321 号

责任编辑：陈会迎 / 责任校对：贾娜娜
责任印制：张 伟 / 封面设计：有道设计

科学出版社 出版
北京东黄城根北街 16 号
邮政编码：100717
http://www.sciencep.com

北京中科印刷有限公司 印刷
科学出版社发行 各地新华书店经销

*

2022 年 12 月第 一 版　开本：720×1000　1/16
2022 年 12 月第一次印刷　印张：11 3/4
字数：250 000

定价：142.00 元
（如有印装质量问题，我社负责调换）

作者简介

吴易雄 男，汉族，湖南新化人，教授，研究员，博士生导师，博士后合作导师，国内首个"农业农村发展"博士学位授权点创始人，"三农"研究专家、一级企业人力资源管理师，湖南农业大学农学学士（导师：曲湘勇教授），湖南农业大学农学硕士（导师：柳小春教授），中南大学管理学博士（导师：田勇泉教授），中国人民大学公共管理博士后（导师：董克用教授），湖南大学应用经济学博士后（导师：廖进中教授），湖南省教育科学研究院、湖南师范大学教育学博士后（导师：周德义教授、刘旭教授），湖南人文科技学院特聘教授，山西农业大学公共管理学院院长、公共管理硕士教育中心主任，山西省新型智库——山西农业大学农业农村发展研究院院长、首席专家，山西农业大学公共政策科研团队首席专家，山西农业大学学术委员会委员、人才评价专委会委员、学位评定委员会委员、学科建设委员会委员，山西农业大学公共管理学院学位评定分委员会主席，山西农业大学第一届公共管理学科建设委员会主任委员兼公共管理学科负责人，湖南省"121"创新人才培养工程人选。2002～2012年在湖南省农业农村厅、武冈市委、湾头桥镇党委、泻油村党支部从事党政工作。2012年以来，在湖南生物机电职业技术学院、湖南开放大学、湖南工商大学、湖南师范大学、山西农业大学等高等学校从事管理、教学、科研和社会服务工作，主要围绕农业农村发展、公共政策、乡村治理、科教管理中的"三农"问题从事跨学科交叉研究，主

CSSCI、EI等收录期刊及科学出版社、人民出版社等全国哲学社会科学工作办公室指定出版机构发表（出版）论著若干篇（部），智库报告被省部党政机关及省级以上内参采纳若干次。先进事迹受到《中国教育报》等主流媒体报道。

序 一

2020年2月28日，是一个值得庆贺的日子、一个值得记忆的日子。在这一天，全国哲学社会科学工作办公室网站公布国家社会科学基金结项情况，湖南师范大学吴易雄教授2017年主持立项的国家社会科学基金重点项目"中国新型职业农民培育政策体系构建的路径与机制研究"（批准号：17AJY016。学科分类：应用经济）获评"免于鉴定"结项（证书号：20200781）。学术界同仁都知道，根据全国哲学社会科学工作办公室的规定，"免于鉴定"要求的标准和条件非常高。短短两年时间，吴易雄教授课题组能够高质量完成研究工作，以"免于鉴定"通过结项实属不易。他和他的研究团队通过对中国"三农"问题的精准把握，以深厚的学术素养、严谨的治学态度认真开展研究工作，取得了预期研究成果。

吴易雄教授出生于农村，求学之路从涉农专业起步，工作之路从服务农民开始，研究之路以"三农"为主线，对中国的农业改革、农村发展、农民增收等重大问题投入了太多的情感。他在"三农"理论研究、决策咨询、实践应用方面取得如此丰硕的研究成果绝不是偶然的，是新时代优秀青年知识分子的人生成长与时代召唤、职业发展与社会进步、学术成长与国家需求有机融合的充分体现。他是一位具有深厚的理论功底、丰富的实践经验、强烈的历史使命感，真正懂农业、爱农村、爱农民的优秀青年学者。

党的十九大作出了实施乡村振兴战略的重大决策部署，习近平在参加十三届全国人大一次会议山东代表团审议时指出，"要推动乡村人才振兴，把人力资本开发放在首要位置，强化乡村振兴人才支撑"[①]。培育新型职业农民是解决乡村人才短缺、发展农村经济的重点。新型职业农民培育政策是推动新型职业农民和农村经济高质量发展的法宝。吴易雄教授将国家社会科学基金重点项目成果《新型职业农民培育政策体系构建的路径与机制》出版顺应时势，意义非凡。前不久，吴易雄教授很谦虚地邀我为书作序，我欣然应允，并认真进行研读，收获颇多，受益匪浅，是目前我所知的国内第一部最系统、最全面、最深入研究新型职业农民

---

① 《谱写农业农村改革发展新的华彩乐章》（《人民日报》2021年9月23日01版）。

培育政策的精品力作。

从创新程度看，该书的研究内容、研究方法新。在研究内容上，提出新的学说和系统理论观点。一是提出新的学说，研究取得突破性进展。我国新型职业农民培育政策体系对我国农业现代化建设和新型职业农民健康发展具有先导性意义，因而成为不同部门和机构以及不同类型的新型职业农民的现实需求。目前，我国新型职业农民培育政策还有待进一步完善和优化。该书从这些现实需要出发，突出理论创新和决策研究，对我国新型职业农民培育政策体系构建的重大问题做出系统描述、分析和概括，着重解决我国新型职业农民培育"为什么要构建政策体系，怎样构建政策体系以及如何执行好政策体系"的问题，总结出规律性认识，丰富和发展已有重要学说。二是提出系统理论观点，研究取得突破性进展。我国新型职业农民培育政策体系要具有现实性、针对性和较强的决策参考价值，既要进行理论论证，又要进行实证分析。因此，该体系是现阶段推动新型职业农民培育加快发展较完整的理论体系，是实现高质量培育新型职业农民目标的应用体系，是解决农村"耕地谁来种""畜禽谁来养""农业谁来兴"等现实问题和"耕地怎么种""畜禽怎么养""农业怎么兴"等深层问题的实践体系。在研究方法上，提出新的研究方法，使研究取得突破性进展。纵观国内外关于新型职业农民培育政策的研究发现，理论研究较多，而实证及应用研究较少。该书所采取的研究方法区别于以往研究所采取的研究方法，提出了新的研究方法，运用经济学、教育学和管理学等多学科的研究方法，坚持定量分析（结构方程模型、因子分析、回归分析、协同过滤推送算法等）和定性分析（行动研究、个案分析和专家征询等）相结合进行社会实证研究，使研究取得突破性进展，从而构建完善我国新型职业农民培育政策体系框架，凸显理论与实践紧密结合的综合研究的重要作用。

从完备程度看，该书可靠性、逻辑性、规范性强。在可靠性上，理论前提科学，资料准确充实，研究方法科学适当。一是理论前提科学。该书运用前景理论、人力资本理论、劳动力流动理论、比较优势理论、规模经济理论、制度变迁理论、人的全面发展理论和社会信任理论等多学科的理论，深入总结提炼这些理论的核心观点，并应用这些理论来指导、分析和探讨我国新型职业农民培育"为什么要构建政策体系，怎样构建政策体系以及如何执行好政策体系"三个重大问题。二是资料准确充实。该书主要利用实地调查所获取的最新材料、长期研究所积累和掌握的大量一手材料、相关管理部门发布的最新资料、国内外学术数据库数字化资料等。三是研究方法科学适当。该书紧紧围绕我国新型职业农民培育"为什么要构建政策体系，怎样构建政策体系以及如何执行好政策体系"三个重大问题，创新性地采用文献研究、调查访谈、定量分析、比较研究、个案分析、行动研究和专家征询等多种研究方法开展研究。在逻辑性上，概念明确、逻辑严密。一是概念明确。该书所涉及的核心概念均进行准确界定、十分清晰、毫不含糊。二是逻辑严密。该书按照我国新型职业农民培育"为什么要构建政策体系,怎样构建政策体系以及如何执行好政策体系"三个重大问题开展研究,符合逻辑、论证严密。在规范性上,引证规范,所有引用资料和观点来源清楚。一是引证规范。包括参考文献、注释在内的所有引证资料均按照学术规范进行。二是所有引用资料和观点来源清楚。该书所有引用资料、观点均注明出处,充分尊重专家、学者的知识产权。

从难易程度看,该书研究难度、资料搜集处理难度大。一是研究难度。该书总体框架按照严密的逻辑体例,分为15章,其中,第1章、第2章是基础部分,第3章~第15章是核心部分,即我国新型职业农民培育政策体系构建的路径与机制部分。这两大部分涉及的问题十分复杂,理论难点多,研究难度极大,需要利用经济学、教育学和管理学等跨学科的理论知识、实践知识以及相关的理论基础和研究方法。二是资料搜集处理难度。该书资料搜集和数据处理难度很大,需要大量的人力、物力和财力支撑,需要在我国东部、中部、西部和东北地区这四大板块进行实地调查和深度访谈,并在国内外广泛搜集现有文献资料以及对所搜集的资料和数据进行现代化的科学处理分析。

从成果价值看,该书学术价值、应用价值高。一是学术价值。该书深化新型职业农民培育理论,拓宽研究视野,丰富政策理论成果,促进农村经济学等学科建设,对农村经济学等学科建设提出建设性的意见、建议,提升农村经济学等学科建设质量和水平。与此同时,该书厘清了我国新型职业农民培育"为什么要构建政策体系,怎样构建政策体系以及如何执行好政策体系"这条主线的判断理路,建构切实可行的新型职业农民培育政策体系,运用经济学等多学科的理论从理论上解决新型职业农民培育政策体系研究中面临的背景、路径和机制三个重大问题,从农村经济社会发展视角提出符合新型职业农民培育实际的新思路,具有很大的理论价值。二是应用价值。该书紧紧围绕我国新型职业农民培育"为什么要构建政策体系,怎样构建政策体系以及如何执行好政策体系"这三个重大问题,以《"十三五"全国新型职业农民培育发展规划》和2012~2019年的中央一号文件精神为指导,借鉴中美培育政策实践经验与理论成果,紧密结合我国的具体实际,深入、系统地研究我国新型职业农民培育政策体系构建的路径与机制,构建务实有用的我国新型职业农民培育政策体系,从农村经济发展视角提出符合实际的对策,具有很大的应用价值,为我国加快培育新型职业农民,确保其健康发展提供决策支持。

当然,该书在新型职业农民培育政策落实和需求调研及新型职业农民培育政策体系实践检验上尚有研究空间。希望吴易雄教授一以贯之就"三农"问题开展大规模的调研和实践，为党和国家提出"顶天立地"的"三农"政策建议，为我国乡村振兴提供学理支撑，加快推进"三农"现代化。

概言之，该书已构建一个与农民需求、农村实际、发展阶段相协调、相适应的科学合理的新型职业农民培育政策体系。与同类著作相比，该书的创新程度、完备程度、难易程度和成果价值具有显著的特色。我相信，该书的出版、推广和应用，必将引领推进我国农民教育培训工作，推动培养造就大批乡村振兴人才队伍，为乡村全面振兴提供大量人才支撑。

是为序。

国家"万人计划"领军人才

2022 年 3 月 6 日于湖南大学

序 二

中国正处在现代化的过程中，总体上处于中期。现代化的两个轮子就是城市化和工业化，尽管不同时代的国家的工业化和城市化的道路及具体模式会有差异，中国现在称之为新型工业化和城市化，但是基本方向和内容是一致的。工业化就包括了农业的工业化，我们一般说"农业产业化"，实际上就是做农业像做工业一样，要规模化、标准化、流程化，因而要有相应的成套的先进技术和基础设施、设备工具。产业化的农业是现代农业，与分散的、小规模的、人工的、受自然约束很大的传统农业不一样，其中一个较大的不同就是：从事农业的人要从传统农民转变为农业工人，或者说要从自给自足的自耕农转变为新型职业农民。这一转变不是一蹴而就的，就像总体的现代化是一个过程一样，也是一个艰难的、长期的过程。为了实现这一转变，农民自身的主观努力当然重要，但是政府的多方面的支持可能更重要。中国各级政府在中国农业现代化过程中，包括对新型职业农民的培育方面，是作为很多的，也是卓有成效的。

吴易雄教授近期围绕"新型职业农民"分别主持完成了国家社会科学基金一般项目"城镇化进程中'五位一体'的新型职业农民培养体系构建与实践"和国家社会科学基金重点项目"中国新型职业农民培育政策体系构建的路径与机制研究"，后者著就了《新型职业农民培育政策体系构建的路径与机制》一书。综观全书，以下几个优点或特色是鲜明的。

（1）做了很多调查研究，掌握了许多第一手资料和数据，对我国新型职业农民培育的状况深入了解。我觉得应该充分肯定这一点。科学研究应该顶天立地，吴易雄教授这一著作的完成过程，很大程度上是站立在中国农村大地上的。经济学家的劳动主要是脑力劳动，但必须在很大程度上是体力劳动，是在理论修养前提下的脑力劳动和体力劳动。如果从来不实地考察和了解现实，很难产出有实际意义的成果。

（2）对我国新型职业农民的政策深入了解，也对政策的实施绩效进行了实证分析，特别是发现了政策中的一些问题。这些对于政策的完善都是很重要的依据。

（3）对如何构建和完善新型职业农民培育的政策体系和机制提出了自己的思

路和建议。可以看出，这些建议是建立在了解情况基础上的，具有针对性和可行性。而且，这些建议中相当多的部分已被决策者参考或采纳，对指导新型职业农民培育实践发挥了重要的作用。

新型职业农民培育政策体系是一个复杂的系统工程，是一个需要不断进行理论探索和社会实践的课题，吴易雄教授尽可能进行了全面论述，行文流畅而多变，语言简练而通俗，可读耐读，理论价值和应用价值皆具，但该书在理论和实践的精准性上仍然还有研究的空间。

希望各类读者能从书中获得不同收益，也相信作者能更深入研究"三农"问题，做出更多、更好的成果。

教育部"长江学者"特聘教授

黄方圣

2022 年 3 月 25 日于山东大学

前　言

乡村振兴，人才是关键，经济是基础。新型职业农民是以农业为职业、具有较高的素质和一定的专业技能、收入主要来自农业生产和经营的现代农业从业者。培育新型职业农民是解决乡村人才问题、发展农村经济的重点。新型职业农民培育政策是推动新型职业农民和农村经济高质量发展的法宝。近年来，党中央、国务院和地方党委、政府都高度重视新型职业农民培育，从实践层面出台了一些政策措施来推动，学术界也从不同层面和角度研究了新型职业农民培育政策问题，产生了一系列理论成果。这些政策措施和理论成果较好地推动了我国新型职业农民的健康发展。

从实践层面看，我国新型职业农民培育起步晚，2012年中央一号文件首次提出要大力培育新型职业农民。尽管近年来中央和地方高度重视和关注新型职业农民培育问题，在历年中央一号文件及其他相关文件里出台了关于新型职业农民培育的一些政策，但是据基层实际操作部门反映，这些政策难以落地落实见效，其针对性、实用性和可操作性有待加强。从目前来看，我国农村劳动力向城市流动的现象依然严重，农村的"空心化""老龄化""妇女化"现象依然存在。如何吸引流向城市的农村劳动力返回农村就业创业，成为活跃在农村一二三产业领域的新型职业农民，需要出台强有力的政策措施推动，并且营造良好的发展环境。因此，本书的目的和意义就在于优化和完善我国现有新型职业农民培育政策，厘清我国新型职业农民培育政策体系构建的路径和机制，科学构建我国新型职业农民培育政策体系，为新型职业农民在广阔的农村安心发展提供政策保障，以此激发农村活力，繁荣农村市场，有效解决农村"空心化""老龄化""妇女化"问题，推动新型职业农民真正成为乡村振兴战略实施的中坚力量，高质量推动、促进城乡融合发展。

从理论层面看，虽然我国新型职业农民培育政策研究起步较晚，但近年来国内部分学者从不同视角对新型职业农民培育政策进行了关注和探讨，取得了一些有价值的研究成果，研究的焦点主要集中于四个方面。一是新型职业农民注册准入。张晓山（2012）在大力培育新型职业农民座谈会上提出，建立"职业农民注册登记"制度,使之成为政府认证主营农业的农村生产经营者资格的一整套信息管理制度,从而培育从事现代农业的主力军。叶俊焘和米松华(2014)从农民现代化的视角出发,提出适合我国国情的新型职业农民培育的创新路径,主要循着新型农业经营主体培育创新("培育谁")、新型职业农民认定准入体系创新("进入门槛")、新型职业农民职业培训创新("培训什么"和"如何培训")、新型职业农民激励政策创新("长效机制")的道路展开。二是新型职业农民生成环境。夏益国和宫春生(2015)指出,要实现农业规模化与农民职业化二者之间互动发展,政府的政策支持至关重要。朱启臻和胡方萌(2016)认为,新型职业农民不是自然而然就可以形成的,而是需要特定的环境的。土地制度、农业组织制度、政府的支持与服务以及农民教育制度是新型职业农民生成的重要环境因素。三是新型职业农民培育体系。习近平(2014)谈粮食安全与新型职业农民培养时指出,要适时调整农业技术进步路线,加强农业科技人才队伍建设,培养新型职业农民。童洁等(2015)指出,新型职业农民培育应该从专业化、产业化和组织化三个方向展开,并需要建立和完善有利于新型职业农民培育的现代农业产业支持体系、城乡一体化制度支持体系、农业经济组织支持体系和农民教育培训支持体系。四是新型职业农民培育机制。沈红梅等(2014)认为,大力推进新型职业农民培育,必须完善农村人力资本提升的教育机制与人才流动机制,建立科学的职业农民培育培训机制以及健全职业农民培育的外部社会环境的制度机制。黎家远(2015)提出,要破解新型职业农民培育中的问题,就要构建起包括财政资金投入机制、培训对象瞄准和激励机制、培训对象选择机制在内的新型职业农民培育的财政支持机制。徐辉(2016)主张建立新型职业农民自主提升机制、优化新型职业农民教育培训机制、健全新型职业农民创业培植机制、深化制度创新培育新型职业农民机制、完善农业政策激励新型职业农民成长机制等培育机制,以协同推进新型职业农民培育。赵如和张春和(2016)提出,在中国社会转型过程中,要分类培育出从事生产养殖劳动、管理劳动和服务劳动的新型职业农民。构建新型职业农民瞄准和认证机制、实用技术传授和推广机制、经营管理人才培养机制、现代农业服务业发展平台等。在西方发达国家,农民本身就是一种职业,关于新型职业农民培育政策的研究成熟完善,多数研究成果已上升为国家战略,概括起来主要是四个方面。一是新型职业农民培训模式。国外学者围绕东亚、西欧和北美三种新型职业农民培训模式开展研究(欣然,2012)。这三种模式各有千秋,但共同特点是管理法制化、主体多元化、投入规范化。二是新型职业农民培育政策。国外学者重点探讨了提高从业能力、支持发展相关农业、改善乡村生产生活条件、调整农业补贴政策、发放专项贷款、对农业学校实行财政补助等方面的新型职业农民的培育政策（李国祥和杨正周，2013）。三是新型职业农民培育立法。国外学者研究新型职业农民培育的立法问题较多，而且主要集中于国家立法保障方面（倪慧等，2013），并且推动了德国、日本和韩国等国家出台了新型职业农民培育的法律法规，为新型职业农民培育提供了有力保障。四是新型职业农民培育资本。美国诺贝尔奖获得者舒尔茨（1987）认为，新型职业农民作为人力资本是农业经济增长的主要源泉，新型职业农民培育必须增加人力资本投资。

从理论层面梳理国内外相关研究的学术史发现，不少名刊和名人都关注新型职业农民培育政策的研究，这些研究成果为本书提供了重要理论和方法论借鉴。同时发现，国内外学者的研究只涉及了新型职业农民培育政策的部分内容，很少从整体上和可操作性上对新型职业农民培育政策系统把握和进行深度研究，政策的现实性、针对性和决策参考价值还不够强，这给本书留下了较大的研究空间，尤其是对我国新型职业农民培育"为什么要构建政策体系（背景问题），怎样构建政策体系（路径问题）以及如何执行好政策体系（机制问题）"这三个重大问题尚未研究透彻。因此，本书在这些方面进行了研究突破，为加快新型职业农民培育，有效解决农村"耕地谁来种""畜禽谁来养""农业谁来兴"等现实问题和"耕地怎么种""畜禽怎么养""农业怎么兴"等深层问题提供了重要决策支持。

如上所述，2012年中央一号文件首次提出大力培育新型职业农民之后，无论是理论工作部门，还是实际工作部门，都对新型职业农民培育给予了高度关注，理论成果和实践成效十分明显，但同时这离我国乡村振兴战略实施、现代农业发展、美丽乡村建设、确保国家粮食安全及重要农产品有效供给对新型职业农民数量和质量的要求还有较大的差距，其根源主要在于我国新型职业农民培育政策体系还不健全。因此，本书顺应乡村人才振兴和乡村产业振兴的需要，针对现有新型职业农民培育政策研究成果整体性、系统性、操作性、适用性和决策性不够强的特点，建构一个与农民需求、农村实际、发展阶段相协调、相适应的科学合理的新型职业农民培育政策体系，有助于推动新型职业农民健康发展。

从学术价值看，本书深化了新型职业农民培育的理论，拓展了新型职业农民培育研究的视野，丰富了新型职业农民培育政策的理论成果，促进了农村经济学等学科建设，对农村经济学等学科建设提出了建设性的意见、建议，提升了农村经济学等学科建设质量和水平。与此同时，本书厘清了我国新型职业农民培育"为什么要构建政策体系（背景问题），怎样构建政策体系（路径问题）以及如何执行好政策体系（机制问题）"这条主线的判断思路，建构了切实可行的新型职业农民培育政策体系，运用经济学等多学科的理论从理论上解决了新型职业农民培育政策体系研究中面临的背景、路径和机制三个重大问题，从农村经济社会发展视角提出了符合新型职业农民培育实际的新思路，具有很大的理论价值。从应用价值看，目前我国全面负责新型职业农民培育工作的农业农村部采取了指导性姿态，在农业农村部的相关文件中已明确提出"探索构建新型职业农民扶持政策体系"，但是，农业农村部现有的具体政策主要集中于教育培训方面，在其他方面几乎无针对性政策措施，而培育新型职业农民是一项复杂的系统工程，需要多方面的政策创新。本书紧紧围绕我国新型职业农民培育"为什么要构建政策体系（背景问题），怎样构建政策体系（路径问题）以及如何执行好政策体系（机制问题）"这三个重大问题，以《"十三五"全国新型职业农民培育发展规划》和2012～2019年的中央一号文件，习近平关于"新型职业农民"的重要论述为指导，借鉴美国新型职业农民培育政策的实践经验与理论成果，紧密结合我国的具体实际，深入、系统地研究了我国新型职业农民培育政策体系构建的路径与机制，构建了务实有用的我国新型职业农民培育政策体系，从农村经济社会发展视角提出了符合新型职业农民培育实际的对策，具有很大的应用价值，为我国加快培育新型职业农民，确保其健康发展提供了决策支持。事实上，随着城镇化进程的推进，我国农民老龄化、农村空心化、农业兼业化问题日益严重，亟须加快新型职业农民培育。在这种情况下，加强我国新型职业农民培育政策体系建构已成为我国解决"未来谁来种地"问题，确保实现习近平提出的"将饭碗牢牢端在自己手上"目标的重要途径。为此，本书以生产经营型（实际就是家庭农场、种养大户，可以作为合作社的单个经营体加入）、专业技能型（一定是农业企业、农民合作社的技术技能人才）、社会服务型（可以是农机合作社的会员、职工，也可以承办为服务公司）和引领带动型（就是较前三类更高级的新型职业农民，能对当地产业发展具有带动作用的创业致富带头人）等四种类型的新型职业农民为研究对象，围绕我国新型职业农民培育"为什么要构建政策体系（背景问题），怎样构建政策体系（路径问题）以及如何执行好政策体系（机制问题）"这三个重大问题，运用经济学等多学科的理论与研究方法，在准确把握新型职业农民培育政策研究发展态势的基础上，依次对新型职业农民培育政策绩效评价、新型职业农民培育政策落实及需求分析、中美新型职业农民培育政策分析、新型职业农民培育云平台构建、新型职业农民乡村产业发展、新型职业农民民营经济发展、加强和改进新型职业农民培育、"互联网+"背景下新型职业农民群体终身学习、泛在学习环境下新型职业农民知识建构、新型职业农民培育OTO（online to offline，线上到线下）教学模式构建、新型职业农民协同培育模式构建、新型职业农民生鲜农产品电商发展、新型职业农民农产品贸易竞争优势培育等多项内容进行了系统深入的研究，从路径与机制上构建了我国新型职业农民培育政策体系，为加快推进我国新型职业农民培育提供了理论、实证与决策支持。

按照严密的逻辑体例设计本书总体框架,本书共分为15章,其中,第1章、第2章是本书的基础部分;第3章~第15章是本书的核心部分,即我国新型职业农民培育政策体系构建路径与机制部分。这15章涉及的问题十分复杂,理论难点多,研究难度极大,需要利用经济学、教育学和管理学等跨学科的理论知识、实践知识以及相关的理论基础和研究方法。同时,资料搜集和数据处理难度很大,需要大量的人力、物力和财力支撑,需要在我国东部、中部、西部和东北地区这四大板块进行实地调查和深度访谈,并在国内外广泛搜集现有文献资料并对所搜集的资料和数据进行现代化的科学处理分析。主要研究内容如下。

第1章综述新型职业农民培育政策研究发展态势。采用文献计量、词频分析等定量和质性研究方法,对中国知网数据库收录的2012~2018年有关新型职业农民培育政策的研究文献进行了计量分析、数据挖掘和可视化分析,从而研判我国新型职业农民培育政策研究的发展趋势。

第2章概述新型职业农民培育政策研究理论基础。主要结合新型职业农民培育政策研究的发展历史,回顾和评价了前景理论、人力资本理论、劳动力流动理论、比较优势理论、规模经济理论、制度变迁理论、人的全面发展理论和社会信任理论等与本书相关的经济学、教育学和管理学等多学科的理论观点。通过这些理论指导本书工作。

第3章评价新型职业农民培育政策绩效情况。以行为经济学"前景理论"为基础,以结构方程模型为研究工具,实证研究了新型职业农民培育政策绩效评价问题,提出了完善新型职业农民培育政策绩效评价的政策建议。

第4章分析新型职业农民培育政策落实及需求情况。通过问卷调查和深度访谈等研究方法,运用二元有序 Logistic 回归模型等研究工具对我国新型职业农民培育政策的落实及需求情况进行了分析,为新型职业农民培育政策体系构建提供了可靠依据。

第5章分析中美新型职业农民培育政策情况。从土地流转政策、农业基础设施政策、金融信贷扶持政策、税收减免政策、社会保障政策、农业补贴政策等方面深入剖析了中美新型职业农民培育政策的发展与特点情况,研究提出完善我国新型职业农民培育政策的建议。

第6章研究新型职业农民培育云平台构建。针对农业物联网应用特点和问题、新型职业农民与创客供求信息不对称的困境,构建了农业物联网环境下新型职业农民培育云平台的三层次原型结构,并以长沙市创客小镇慧润板仓为例进行仿真实验,研究提出了新型职业农民培育云平台应用的政策建议。

第 7 章研究新型职业农民乡村产业发展。从新型职业农民发展乡村产业的特点、模式、问题等方面进行研究，提出了新型职业农民发展乡村产业的政策建议。

第 8 章分析新型职业农民民营经济发展。针对当前我国新型职业农民创办农业企业、发展民营经济存在的问题，提出了优化新型职业农民发展民营经济的政策建议。

第 9 章研究加强和改进新型职业农民培育。全面总结了我国新型职业农民培育工作的做法和成效，针对当前我国新型职业农民培育工作存在的问题，提出了加强和改进新型职业农民培育工作的建议。

第 10 章研究"互联网+"背景下新型职业农民群体终身学习状况。基于北京地区新型职业农民的实证研究，应用文献分析法梳理了当前新型职业农民群体终身学习研究状况并分析其存在问题。在此基础上设计问卷开展调查，完成了对北京三个区域逾 1000 名新型职业农民的问卷调查，分析这一群体在终身学习情况、设备拥有、技术使用、学习形式、困难问题、个人满意度及个人需求等多个方面的状况和诉求。基于问卷结果，研究提出了促进新型职业农民群体终身学习的政策建议。

第 11 章研究泛在学习环境下新型职业农民知识建构。针对新型职业农民工学矛盾突出、因个体差异较大很难有效进行协作学习的问题，从协作学习环境、助学服务、成果形成、学习评价等方面进行知识建构研究，提出了推进泛在学习环境下新型职业农民知识建构的政策建议。

第 12 章研究新型职业农民培育 OTO 教学模式构建。从精准把握线上教学设计策略、创新新型职业农民线下教学方式两个方面阐明新型职业农民培育 OTO 教学模式基本程序，从培养教师综合能力、建立导学预约制度、加强教学质量监管、强化教学团队建设、夯实线下教学根基等方面研究如何推动新型职业农民培育 OTO 教学模式应用，并提出了推行新型职业农民培育 OTO 教学模式的政策建议。

第 13 章研究新型职业农民协同培育模式构建。从"一指导、四教育、三加强"层面构建新型职业农民全面发展协同培育模式，提出了推动该模式应用的政策建议。

第 14 章研究新型职业农民生鲜农产品电商发展。在总结现有三种生鲜农产品电商运营模式基础上，重点探讨了湖南省湘潭县梅林桥镇生鲜农产品电商的优势、劣势、机会和挑战，从宏观上提出了前、中、后期总体发展战略，并针对我国新型职业农民生鲜农产品电商发展存在的问题，提出了相应的发展政策建议。

第 15 章研究新型职业农民农产品贸易竞争优势培育。从我国新型职业农民农产品竞争力状况出发，分析了我国目前新型职业农民农产品存在的问题，提出了新型职业农民农产品竞争力提升的思路和政策建议。

从上述研究内容可见，本书的重点是我国新型职业农民培育政策体系的构建。这是因为，我国新型职业农民培育政策体系要具有系统、科学、可行的特点，需要对以往政策进行梳理，对美国政策进行借鉴，对未来政策走向进行预测，必须找到一条切实可行的路径和依靠一个相对完备、科学合理的机制来实现。本书的难点是新型职业农民培育政策实施效果评价。这是因为，我国现有新型职业农民培育政策实施效果及我国新型职业农民培育政策体系构建的影响因素和实践效果的实证研究，必须建立完整的评价体系，在论证中理论的构建、模型的建立需要收集和掌握相当多的数据资料与分析技术以及需要运用经济学等多学科的知识。因此，本书的主要目标是构建适合我国不同区域、不同经济类型、不同生产方式、不同收入水平的新型职业农民培育政策体系，着力解决我国新型职业农民培育政策体系构建的背景、路径和机制三个重大问题，为国家出台全面系统、科学可行、广泛受益的新型职业农民培育政策提供决策依据，切实推动我国新型职业农民队伍发展壮大，全面实现农业集约化、专业化、组织化和社会化。

为完成上述研究内容及其目标，本书科学适当地综合运用了经济学、教育学和管理学等多学科的研究方法，围绕所要研究的系列内容，坚持理论研究与实践研究相结合、定性分析与定量分析相结合、综合研究与专题研究相结合的原则，全面系统地研究了我国新型职业农民培育政策体系。运用文献研究法主要对近年来中央和地方新型职业农民培育政策文本及研制过程的相关文献资料和前人的相关研究资料等进行了深度分析。运用调查访谈法主要对我国新型职业农民培育政策落实情况、不同部门和机构及不同类型的新型职业农民对其培育政策的反映、评价和需求进行了实地调查和深度访谈，获取了相关资料。在定量分析法中，主要应用结构方程模型对我国新型职业农民培育政策的实施效果进行了评价，运用二元有序 Logistic 回归模型分析了我国新型职业农民培育政策落实满意度情况，应用协同过滤推送算法分析了新型职业农民与创客的智能匹配情况。运用比较研究法主要针对中美国家新型职业农民培育政策实施的实际状况进行了比较分析，从中得出了启示，有选择地加以借鉴。运用个案分析法选取湖南省湘潭县梅林桥镇生鲜农产品电商和乡村产业发展的四种典型模式等案例进行了分析，从案例中发现了问题，找出了规律，提出了政策建议。将专家征询法贯穿于始终，选取了相关研究领域专家担任顾问，有计划地组织专家对本书中的若干重要理论和实践问题进行了科学分析和论证，专家的参与对提高本书的理论水平、确保顺利完成起到了重要作用。运用行动研究法将阶段性研究成果应用于中央和地方有关部门实践，产生了实质性成效。同时对有关部门提出的有关方面存在的问题做了进一步修改完善。

为完成研究任务，实现既定的主要目标，本书在研究过程中，既特别注重资料搜集和数据采集，又特别注重资料和数据的分析处理，做到了资料和数据准确、系统和充实，论证严密，具有可靠性、代表性和全面性，分阶段、分步骤执行预期研究计划。本书在准备阶段（2017年1～8月），收集了大量研究资料，召开了2次学术会议，确定了本书设计提纲和需要研究的问题；邀请了国内外5名相关专家、学者召开了专题研讨会，对确定研究的问题进行了广泛深入探讨；召开了1次论证会议，确定了本书各专题提纲和调研内容。在研究阶段（2017年9月～2019年6月），根据确定的有关专题的调研内容进行了广泛调研，采集了大量研究数据，并分析处理了调研材料和数据，完成了调研报告，得到了有关部门领导的批阅、采纳；在调查研究的基础上，稍微调整了各专题提纲，就其中的问题进行了深度研究，发表了系列论文，撰写了系列智库报告，得到了有关部门领导的批阅、采纳。在收尾阶段（2019年7月～2020年2月），整理了研究成果，得到了有关部门领导的批阅、采纳，呈送有关部门专家进行成果结题鉴定和出版专著。上述研究过程所涉及的工作之所以能够顺利完成，主要得益于四个方面。一是理论界进行了较多研究。国内外许多学者已对新型职业农民培育问题进行多方面的探索，这些成果为本书提供了重要参考和思路启迪。二是国外政策实践提供了案例。以美国为首的西方发达国家已出台很多有效的新型职业农民培育政策，为我国新型职业农民培育政策体系实践提供了经验和启示。三是研究设计论证切合实际。本书的研究团队紧紧围绕我国新型职业农民培育"为什么要构建政策体系，怎样构建政策体系以及如何执行好政策体系"三个重大问题进行了论证，综合运用了现代科学研究方法，合理设计了研究技术路线，符合实际部门的工作需要。四是组建了一支较优良的团队。本书的研究团队由长期从事农业、农村、农民问题的理论研究和实践工作的专家、学者和领导组成，都有多年的合作经验，有的成员还具有留学或国际合作经历，已取得了较多的相关研究成果，形成了一个结构合理的跨区域、跨部门的优势互补的创新团队，因而高质量完成了本书各项工作。

本书在研究内容上的创新程度、突出特色和主要建树，主要体现在新的学说和系统理论观点两个方面。一是提出了新的学说，研究取得了突破性进展。我国新型职业农民培育政策体系对我国农业现代化建设和新型职业农民健康发展具有先导性意义，因而成为不同部门和机构及不同类型的新型职业农民的现实需求，但目前，我国新型职业农民培育政策还有待进一步完善和优化。本书从这些现实需求出发，突出理论创新和决策研究，对我国新型职业农民培育政策体系构建的重大问题做出了系统描述、分析和概括，着重解决了我国新型职业农民培育"为什么要构建政策体系，怎样构建政策体系以及如何执行好政策体系"这三个重大问题，总结出了规律性认识，丰富和发展了已有重要学说。二是提出了系统理论观点，研究取得了突破性进展。我国新型职业农民培育政策体系要具有现实性、针对性和较强的决策参考价值，既要进行理论论证，又要进行实证分析。因此，该体系是现阶段推动新型职业农民培育加快发展较完整的理论体系，是实现高质量培育新型职业农民目标的应用体系，是解决农村"耕地谁来种""畜禽谁来养""农业谁来兴"等现实问题和"耕地怎么种""畜禽怎么养""农业怎么兴"等深层问题的实践体系。

纵观国内外关于新型职业农民培育政策的研究发现，理论研究较多，而实证及应用研究较少。本书所采用的研究方法区别于以往研究所采用的研究方法，提出了新的研究方法，运用经济学、教育学和管理学等多学科的研究方法，坚持定量分析（结构方程模型、因子分析、回归分析、协同过滤推送算法等）和定性分析（行动研究、个案分析和专家征询等）相结合进行社会实证研究，使研究取得了突破性进展，构建完善了我国新型职业农民培育政策体系框架，凸显了理论与实践紧密结合的综合研究的重要作用。

本书在广泛调研采集数据、全面收集资料的基础上，运用经济学等多学科的理论和研究方法，创新性地开展研究工作，符合有关部门的实际需要，研究提出的重要观点或对策建议具有很强的可行性、适用性和操作性，得到了多个省部级以上党政领导批示并被有关部门采纳。本书的重要观点或对策建议如下。

（1）环境感知在新型职业农民对培育政策收入预期与培育政策绩效的关系中起部分中介作用，在此过程中，新型职业农民的年龄、教育程度、收入水平等因素呈现显著的异质性影响特征。科学构建新型职业农民培育政策体系，进一步提升新型职业农民培育质量和水平，亟须创新以新型职业农民培育政策需求为导向的精准培育政策模式，建立以新型职业农民培育政策绩效满意度为导向的培育政策绩效评价机制，重视培育环境对新型职业农民培育政策实施的影响效应。

（2）水电路优惠政策落实情况、保险政策落实情况、农村土地承包经营权流转政策落实情况是影响新型职业农民对培育政策落实满意度的三个重要因素。新型职业农民对培育政策的需求具有多样化特点。在产加销技术上，新型职业农民更需要销售技术和种植技术；在未来农业新业态选择上，新型职业农民更倾向于选择休闲农业和创意农业；在要素配置上，新型职业农民更需要的是资本和土地；在农产品的市场对接方式上，新型职业农民更倾向于选择农社对接和发展电商；在教育培训类型上，新型职业农民倾向于选择生产技术类和经营管理类；在教育培训方式上，新型职业农民更倾向于不定期技能培训；在人才激励措施上，落实优惠政策能有效激励新型职业农民；在社会保障政策上，完善农村养老保险能有效提升新型职业农民从事农业生产的积极性；在农村产业扶持政策上，发放产业扶持资金和开放金融贴息贷款，能有效推动新型职业农民从事新型农业经营。

（3）中美国家均对新型职业农民培育实施了土地流转、农业基础设施、金融信贷扶持、税收减免和社会保障等政策。我国新型职业农民培育政策应当着力加强立法，狠抓执法；健全保险，狠抓落地；整合资源，强化建设；创新方式，用活土地；简化手续，开辟通道。

（4）基于信任因子的协同过滤推送算法，新型职业农民培育云平台的运用能更有效实现新型职业农民与创客的智能耦合。推动新型职业农民培育云平台应用，需要政府部门加强运营支持，构建产业支撑体系，提升应用智能信息创业能力，扩大辐射应用范围。

（5）新型职业农民发展乡村产业受诸多因素影响，很多想做大做强乡村产业的新型职业农民，因土地、资本、人力、技术和服务等农业生产经营要素的制约而停滞不前，甚至半途而废，这就需要政府部门强化乡村产业发展组织，改善乡村产业发展条件，加强乡村产业技术培训，优化乡村产业发展环境。

（6）目前民营经济发展存在高效办事有难处、政策执行有偏差、保障措施有差别等主要问题，亟须从增强民营企业地位、强化政府政策执行、进一步完善贷款制度等方面优化新型职业农民发展民营经济的政策。

（7）新型职业农民培育工作已取得可喜成绩，但仍存在培育实施主体不健全、培育实施环节不精准、培育扶持政策不配套等问题，需要进一步拓展健全新型职业农民培育的主体和平台，进一步完善新型职业农民的认定办法和扶持政策。

（8）新型职业农民群体在培育内容、形式两方面存在着不协调的状况，课程学习名额有限和学习内容缺乏吸引力是新型职业农民培育的主要矛盾，亟待普及与新型职业农民群体信息化能力相适应的信息化学习形式，新型职业农民群体间在培育现状、形式和意愿三个方面存在着差异性，需要做好系统化培育教学设计，解决培育现存的不协调状况，大力推进优质数字化培育资源建设，着力探索培育新模式，积极利用学习分析、大数据等学习技术，因地制宜、因时制宜、因人制宜，开展针对性的新型职业农民培育。

（9）在泛在学习环境下，新型职业农民培育知识建构的实际应用效果十分显著，有力提升了新型职业农民自主学习和终身学习的能力，需要进一步增强教师的学习支持服务能力，开拓新型职业农民实践学习途径，设计有价值的协作学习主题资源。

（10）将OTO教学模式应用于新型职业农民精准培育教学实践中，是新型职业农民精准培育教学改革的创新之举。构建与应用新型职业农民精准培育OTO教学模式，要准确把握线上教学设计策略，创新线下教学方式，建立导学预约制度，加强教学质量监管，强化教学团队建设，培养教师综合能力，深化思想认识，狠抓落地见效。

（11）新型职业农民队伍建设亟须加强，构建新型职业农民全面发展"一指导、四教育、三加强"协同培育模式，培育大批爱农业、懂技术、善经营的新型职业农民，是乡村人才振兴必须解决的一个教育问题。大规模高质量培育新型职业农民，亟待完善青年务农制度、土地流转制度、产业扶持制度、多元投入制度、跟踪服务制度、社会保障制度，以此推动新型职业农民全面发展。

（12）新型职业农民发展生鲜农产品电商存在新型职业农民电商素养低、生鲜农产品物流成本高昂、生鲜农产品冷链设施落后、农村缺乏专业电商运营人才和政府对企业建设扶持力度小等问题，需要提高新型职业农民的电商水平，构建生鲜农产品物流信息平台，完善生鲜农产品设备设施建设。

（13）新型职业农民农产品贸易存在生产规模小、产品数量少，生产方式旧、产品质量差，生产季节性强、存储条件高等问题，需要强力推进农业标准化生产，切实解决农产品供求问题，着力提高农产品出产效率，秉持发展观、安全观、合作观、文明观和治理观"五观"创建农产品品牌。

虽然本书解决了农村经济社会发展中我国新型职业农民培育政策体系构建的三个重要问题，提出了符合实际的新思路和对策，但是中国新型职业农民培育政策问题涉及的面广量多，期望通过本书吸引学术界更多精英参与研究和关注有关中国新型职业农民培育的政策问题，为中央和地方政府决策建言献策，为学术发展奉献力量、贡献智慧，为实际工作部门提供实践指导。

本书的研究得到了国家社会科学基金重点项目"中国新型职业农民培育政策体系构建的路径与机制研究"（17AJY016）资助，在这个项目的理论与实践研究中笔者获得了较深的心得体会，丰富了新型职业农民培育政策体系构建理论与实践内容。本书的写作正是在以上工作经历的基础上完成的。本书的出版得到了山西农业大学高层次人才科研专项项目"服务乡村振兴的公共政策决策与应用"（2021XG005）资助。

感谢项目组王虎邦、孙立、王楠、张伟远、霍生平、张扬、雷鸣强、邓棋、刘鑫慧、苟江凤、陈富坤、夏佳伶、孙艺菲、刘溪为书稿的研究付出的辛苦工作。研究工作得到了全国哲学社会科学工作办公室、农业农村部、湖南开放大学、湖南工商大学、湖南师范大学、山西农业大学，以及湖南、湖北、四川、云南、海南、广东、北京、浙江和吉林等省市及所在地的相关机构和高等学校的大力协助，在此一并表示感谢。

感谢杨胜刚教授、黄少安教授为本书作序，对本书作出了中肯的评价，激励着我在"三农"战线上不断开拓创新，持续勇攀高峰，取得丰硕成果。

感谢我的家人对我无微不至的关心和鼎力支持，让我快乐幸福地从事"三农"问题研究，为全面推进乡村振兴、加快农业农村现代化贡献智慧和力量。

本书在研究过程中参考了大量文献资料，谨向所有的参考文献资料的作者表示由衷的感谢。

限于笔者水平，书中可能存在不完善之处，恳请广大读者批评指正。

吴易雄

2022年10月4日于山西农业大学

目 录

第1章 新型职业农民培育政策研究发展态势 ·············· 1
- 1.1 新型职业农民培育政策研究概述 ·············· 1
- 1.2 新型职业农民培育政策研究规律 ·············· 1
- 1.3 新型职业农民培育政策研究范畴 ·············· 6
- 1.4 新型职业农民培育政策研究趋势 ·············· 10

第2章 新型职业农民培育政策研究理论基础 ·············· 12
- 2.1 前景理论 ·············· 12
- 2.2 人力资本理论 ·············· 13
- 2.3 劳动力流动理论 ·············· 13
- 2.4 比较优势理论 ·············· 14
- 2.5 规模经济理论 ·············· 14
- 2.6 制度变迁理论 ·············· 16
- 2.7 人的全面发展理论 ·············· 16
- 2.8 社会信任理论 ·············· 17

第3章 新型职业农民培育政策绩效评价 ·············· 18
- 3.1 新型职业农民培育政策绩效评价假设推演 ·············· 19
- 3.2 新型职业农民培育政策绩效评价方法论 ·············· 21
- 3.3 新型职业农民培育政策绩效评价特点 ·············· 24
- 3.4 完善新型职业农民培育政策绩效评价体系 ·············· 31
- 本章附录 ·············· 32

第4章 新型职业农民培育政策落实及需求分析 ·············· 35
- 4.1 新型职业农民培育政策落实情况概述 ·············· 35
- 4.2 影响新型职业农民培育政策落实满意度的因素分析 ·············· 37
- 4.3 新型职业农民培育政策需求情况分析 ·············· 41
- 本章附录 ·············· 44

第 5 章　中美新型职业农民培育政策分析 ································ 46
5.1　我国新型职业农民培育政策发展 ································ 46
5.2　美国新型职业农民培育政策发展 ································ 49
5.3　我国新型职业农民培育政策的不足及对策建议 ···················· 51

第 6 章　新型职业农民培育云平台构建 ································ 53
6.1　新型职业农民培育云平台原型结构 ································ 54
6.2　新型职业农民培育云平台运行 ································ 58
6.3　新型职业农民培育云平台仿真实验 ································ 61
6.4　新型职业农民培育云平台应用体系 ································ 62

第 7 章　新型职业农民乡村产业发展 ································ 65
7.1　新型职业农民乡村产业发展的特点 ································ 65
7.2　新型职业农民乡村产业发展的模式 ································ 68
7.3　新型职业农民乡村产业发展的问题 ································ 70
7.4　促进新型职业农民乡村产业发展 ································ 73

第 8 章　新型职业农民民营经济发展 ································ 78
8.1　新型职业农民民营经济发展的问题 ································ 78
8.2　推进新型职业农民民营经济发展 ································ 79

第 9 章　加强和改进新型职业农民培育 ································ 81
9.1　新型职业农民培育的做法 ································ 81
9.2　新型职业农民培育的成效 ································ 84
9.3　新型职业农民培育的问题 ································ 85
9.4　优化新型职业农民培育 ································ 86

第 10 章　"互联网+"背景下新型职业农民群体终身学习 ···················· 89
10.1　新型职业农民群体终身学习研究概述 ································ 92
10.2　新型职业农民的终身学习现状与诉求 ································ 95
10.3　新型职业农民群体培育样本区域的差异分析 ························ 98
10.4　新型职业农民群体培育的问题 ································ 100
10.5　完善新型职业农民群体培育体系 ································ 101
本章附录 ································ 103

第 11 章　泛在学习环境下新型职业农民知识建构 ························ 113
11.1　知识建构研究概述 ································ 114
11.2　泛在学习环境下新型职业农民知识建构过程 ························ 115
11.3　泛在学习环境下新型职业农民知识建构效果 ························ 119
11.4　泛在学习环境下影响新型职业农民知识建构的因素 ···················· 121

11.5	泛在学习环境下新型职业农民知识建构实施政策	122
第 12 章	**新型职业农民培育 OTO 教学模式构建**	**125**
12.1	新型职业农民培育 OTO 教学模式基本程序	126
12.2	推动新型职业农民培育 OTO 教学模式应用	128
12.3	新型职业农民培育 OTO 教学模式的推行政策	130
第 13 章	**新型职业农民协同培育模式构建**	**132**
13.1	新型职业农民培育模式研究概述	132
13.2	新型职业农民全面发展内涵	133
13.3	新型职业农民全面发展协同培育模式	134
13.4	全面建立新型职业农民培育制度	138
第 14 章	**新型职业农民生鲜农产品电商发展**	**140**
14.1	与生鲜农产品电商相关的概念界定	141
14.2	新型职业农民生鲜农产品电商发展模式	141
14.3	新型职业农民生鲜农产品电商发展分析	143
14.4	新型职业农民生鲜农产品电商发展的问题	146
14.5	新型职业农民生鲜农产品电商发展的对策	147
第 15 章	**新型职业农民农产品贸易竞争优势培育**	**149**
15.1	新型职业农民农产品贸易特点	149
15.2	新型职业农民农产品贸易的问题	150
15.3	新型职业农民农产品贸易的对策	151
参考文献		**154**

第1章 新型职业农民培育政策研究发展态势

与美国等农业发达国家不同，我国新型职业农民还是一个新生事物，它在发展过程中必然会出现一些新情况、新问题和新动向，这就要求理论部门不断进行研究，实践部门不断进行实践。为此，本章通过文献计量和词频分析对2012年3月~2018年6月新型职业农民培育政策研究进行学术史梳理，全面把握研究动态，深入发现尚存的研究空间，不断推动向纵深研究，并以理论指导实践，更好地服务于新型职业农民培育工作。

1.1 新型职业农民培育政策研究概述

本章使用的研究材料均源于中国知网收录的2012年3月~2018年6月的文献和数据，采取篇名与主题相结合的检索方式，以确保研究的效度和信度。以"新型职业农民培育政策"为篇名进行检索，检索出文献36篇，说明专门针对新型职业农民培育政策研究的文献较少；以"新型职业农民培育政策"为主题进行检索，检索出文献411篇，其中硕士、博士学位论文109篇，说明涉及新型职业农民培育政策主题的文献较多。

因此，本章主要采取文献计量和词频分析两种研究方法。前者选取中国知网计量可视化和Excel软件，从文献发表总量与趋势、核心作者、被引频次、资助状况等信息进行文献计量分析；后者选取NVivo 11质性研究软件，对我国新型职业农民培育政策研究相关期刊、论文中的关键词出现的频次开展词频分析，以确定该研究领域的热点及其变化趋势。

1.2 新型职业农民培育政策研究规律

从发文趋势看，通过中国知网检索发现，新型职业农民培育政策研究成果涉及学术期刊、报纸、会议、硕士及博士学位论文等多种类型，其中具有里程碑意义的成果是《张桃林：加快形成新型职业农民培育的政策和措施体系 力求取得六大新突破》。自此，学术界开始关注新型职业农民培育政策问题，随之而来研究新型职业农民培育政策问题的成果逐年增多，由2012年的5篇文献增长到2018年的163篇文献，增长量呈逐年增大趋势，是一条向右上方延伸的曲线，这说明每年高度重视新型职业农民培育的中央一号文件所发挥的作用越来越大，学术界的研究热度在持续升温，预示着今后相当长一段时期仍然会不断攀升。学术界期望通过研究出能指导实践的新型职业农民培育政策来推动大规模高质量培育新型职业农民。

通常认为，学术界主要从文献的发文量即核心作者数和被引次数两个方面考察作者就某一个研究领域或主题所产生成果的贡献大小，来科学评价或鉴定其学术影响力。相对而言，文献被引次数比发文量更能体现作者的学术水平。从核心作者数来看，通过中国知网检索发现，以第一作者或独立作者统计，2012年3月~2018年6月我国发文2篇及以上的有31个学者关注新型职业农民培育政策问题，其中从第一作者和独立作者发文量的统计看，湖南省教育科学研究院吴易雄和江苏理工学院马建富均发表了5篇有关新型职业农民培育政策的论文，并列第一。依据文献计量学中著名学者普赖斯所提出的计算核心作者的公式进行核心作者发文量统计：$M=0.749\sqrt{N_{max}}$（式中N_{max}为发文量最多的作者论文数，M为核心作者最低发文量），即$M=0.749\sqrt{5}=0.749×2.236=1.675$。按照取整选择原则，发文2篇及以上的作者都可考虑作为核心作者，因而我国2012年3月~2018年6月统计得到的核心作者为31名，可将其列入新型职业农民培育政策研究的核心作者范围。由此可见，在短短的7年时间里，我国新型职业农民培育政策研究已聚集一批核心作者，而且随着国家对新型职业农民培育政策实践重视程度的加深，关于新型职业农民培育政策核心作者群的范围将会不断扩大。

从被引次数看，由表1-1可知，2012~2018年，选取被中国知网收录且被引次数排名前10位的论文作为学术影响力评价依据，其中只有1篇是发表于2012年，90%集中发表在2014年，正好处于中间层。被引次数排在前3位的论文均发表在CSSCI（中文社会科学引文索引，Chinese Social Sciences Citation Index）来源期刊上。除《农民科技培训》和《湖北农业科学》不属于全国中文核心期刊和中国科学引文数据库来源期刊外，被引次数排在第4位、第5位和第8位的3篇论文，均发表在全国中文核心期刊上，被引次数排在第6位的论文发表在中国科学引文数据库来源期刊上。这说明，在某种程度上，期刊层次级别较高的，发表在该期刊上的论文的被引次数也相对较多，该论文的学术影响力也相对较强。这提示，学者要提高论文的学术影响力，要尽可能地提高论文的学术质量，发表在较高层次级别的期刊上。

表 1-1 学术影响力评价

序号	被引次数	文献
1	83	沈红梅, 霍有光, 张国献. 2014. 新型职业农民培育机制研究——基于农业现代化视阈[J]. 现代经济探讨, (1): 65-69.
2	60	叶俊焘, 米松华. 2014. 新型职业农民培育的理论阐释、他国经验与创新路径——基于农民现代化视角[J]. 江苏社会科学, 34 (4): 199-204.
3	55	米松华, 黄祖辉, 朱奇彪. 2014. 新型职业农民: 现状特征、成长路径与政策需求——基于浙江、湖南、四川和安徽的调查[J]. 农村经济, (8): 115-120.
4	38	杨成明, 张棉好. 2014. 多重视阈下我国新型职业农民培育问题研究[J]. 职业技术教育, 35 (28): 76-82.
5	37	吴易雄. 2014. 新型职业农民培育现状与对策研究——基于湖南省平江县和醴陵市的实证分析[J]. 职业技术教育, 35 (7): 57-61.
6	36	胡林招. 2014. 新型职业农民培育问题研究[J]. 广东农业科学, 41 (7): 233-236.
7	34	曾一春. 2012. 培育新型职业农民需完善制度设计强化配套政策[J]. 农民科技培训, (9): 6-9.
8	28	闫志利, 蔡云凤. 2014. 新型职业农民培育: 历史演进与当代创新[J]. 职教论坛, (19): 59-64.
9	27	单武雄. 2014. 我国新型职业农民培育问题研究——基于湖南省石门县500份调查问卷的分析[J]. 职业技术教育, 35 (16): 71-74.
10	26	杜巍. 2014. 湖北省新型职业农民培育调研分析及对策[J]. 湖北农业科学, 53 (17): 4214-4218.

从单位分布数看, 通过中国知网检索发现, 以核心作者所在的单位分布进行分析, 经统计, 31名核心作者分布在26个单位中, 其中本科院校14个、高职院校1个、农广校6个、科研院 (中心) 4个、政府部门1个。具体而言, 农广校最多 (6个), 占23.1%; 其次是农业院校 (5个), 占19.2%; 再次是科研院 (中心) (4个), 占15.4%。在所有单位中, 江苏理工学院核心作者占了4位, 是新型职业农民培育政策问题研究的重要单位。由此可见, 目前关注新型职业农民培育政策问题的单位主要分布在农业院校和农广校, 研究群体主要集中于学校的教师和科研人员, 因而也间接说明了这些比例较高的单位及其教师和科研人员在新型职业农民培育政策研究领域具有较高的影响力。

从基金项目立项数看, 通过中国知网检索发现, 42篇新型职业农民培育政策研究文献得到了17种不同类型的基金项目资助。从获得资助的文献量看, 国家社会科学基金项目最多 (12篇), 约占28.6%, 其次是国家自然科学基金项目 (6篇),

约占14.3%，占比最小的有全国教育科学规划课题等10种不同类型的基金项目（均为1篇），约占2.4%。从文献获得的国家级或部级基金项目资助的情况看，全国哲学社会科学工作办公室、国家自然科学基金委员会、农业农村部软科学研究项目资助的份额分别是28.6%、14.3%、7.1%，而教育部、科学技术部、国家留学基金管理委员会项目资助的份额均为2.4%。从文献获得的省级基金项目资助的地域看，江苏省和湖南省均为4篇，各占9.5%；河北省为3篇，占7.1%；江西省、陕西省、浙江省、海南省四省均为1篇，占2.4%。

由此可见，无论是国家还是地方，都对新型职业农民培育政策研究进行了不同程度的资助。由于新型职业农民培育政策偏向于社会科学领域，社科类基金项目资助明显多于自科类基金项目资助，但从整体看，各类型的基金项目资助的强度还不够，特别是不同部委、不同省份之间基金项目资助的不平衡性较突出，亟须扩大基金项目资助范围。

从研究层次分布看，根据中国知网的分类，研究层次大体分为两类，一是将基础研究、行业指导、政策研究、职业指导和高等教育列在社科类；二是将基础与应用基础研究、工程技术、行业技术指导和政策研究列在自科类。通过中国知网检索发现，学者对新型职业农民培育政策的研究的层次变动趋势依次为：基础研究148篇，占36.7%；行业指导92篇，占22.8%；政策研究76篇，占18.9%；职业指导63篇，占15.6%；高等教育24篇，占6.0%。这说明，当前研究新型职业农民培育政策问题集中在五个方面：一是进行基础研究，二是着眼于行业指导，三是开展政策实践，四是用于职业指导，五是从高等教育角度进行培养。

从所涉及的学科领域看，通过中国知网检索发现，新型职业农民培育政策研究文献涉及17个学科领域，其中从成人教育与特殊教育学科研究的文献有272篇，占57.0%，从农业经济学科研究的文献有160篇，占33.5%，这两类学科合计占90.5%，是新型职业农民培育政策研究的主要学科，而从政党及群众组织学科研究的文献有18篇，占3.8%，从其他14个学科研究的文献累计有27篇，占5.7%。由此可见，目前学者研究新型职业农民培育政策问题，有力地加强了多个学科建设，形成了以成人教育与特殊教育学科为主，以农业经济学科为辅，以政党及群众组织等其他学科为补充的新型职业农民培育政策研究学科体系。

从主要的文献来源看，通过中国知网检索发现，大部分新型职业农民培育政策研究的文献是发表在普通刊物上和中国知网收录的硕士、博士学位论文，而发表在CSSCI来源期刊和全国中文核心期刊的文献很少。例如，2012~2018年，发表在普通刊物《农民科技培训》上的有39篇，占22.0%。除硕士、博士学位论文外，从发文数量看，排名前10位的期刊是《农民科技培训》《职教论坛》《吉林农业》《农业与技术》《河南农业》《农民致富之友》《中国农业教育》《甘肃农业》

《世界农业》《安徽农业科学》。这 10 份刊物中,仅有《职教论坛》《世界农业》《安徽农业科学》为全国中文核心期刊,其余均为普通刊物;排名前 30 位的期刊中也仅有《农村经济》《教育理论与实践》为 CSSCI 来源期刊,《教育与职业》《继续教育研究》《中国成人教育》《黑龙江畜牧兽医》《江苏农村经济》为全国中文核心期刊。我国社会科学类论文质量评价依据主要看是否发表在 CSSCI 来源期刊上,其次看是否发表在全国中文核心期刊上。从这个意义上说,我国学术界对新型职业农民培育政策研究的文献质量还有待进一步提高。

一般而言,NVivo 执行研究软件可使用图表、模型和其他可视化技术进行数据发掘。本章采用 NVivo 11 进行词频分析,从"新型职业农民培育政策研究文献数据库"中选取期刊论文作为分析样本,去除无用词,通过查询运行,得出一系列以关键词为单元的数据表。由表 1-2 可知,词频频次和频率较高的关键词是农民、职业、新型、农业、培育,其频次均在 10 000 以上,频率均在 2%以上,说明新型职业农民培育是该研究领域的热点问题,而较少关注新型职业农民培育政策研究,频次为 3000,频率仅为 0.65%。

表 1-2 排列前 18 位的词频数据

序号	关键词	频次	频率
1	农民	21 010	4.56%
2	职业	16 655	3.61%
3	新型	13 181	2.85%
4	农业	11 071	2.40%
5	培育	10 874	2.36%
6	培训	6 947	1.50%
7	教育	4 202	0.91%
8	发展	4 019	0.87%
9	农村	3 427	0.74%
10	政策	3 000	0.65%
11	生产	2 804	0.61%
12	经济	2 672	0.58%
13	工作	2 224	0.48%
14	现代	1 828	0.40%
15	管理	1 825	0.40%
16	技术	1 799	0.39%
17	服务	1 789	0.39%
18	政府	1 723	0.37%

在确定了词频数据后，通过查询功能中的词语云工具，将词频数据以"词汇云"的方式导出。结果发现，在导出的"词汇云"中，围绕新型职业农民培育政策研究的期刊文献主要包括农民、职业、农业、培育、培训、教育、农村、政策、生产、经营、工作、管理、技术、服务、政府、体系、模式、机制、资源等 19 个关键词。

1.3 新型职业农民培育政策研究范畴

2012 年 3 月～2018 年 6 月，我国学者主要从新型职业农民培育政策的意义、演变、优化和执行等四个方面进行了研究，较好地推动了我国新型职业农民培育政策体系不断完善。

1.3.1 关于新型职业农民培育政策意义研究

学者普遍认识到，加强新型职业农民培育政策体系建设，对推动我国新型职业农民发展具有十分重要的意义。张桃林（2012）认为，培育新型职业农民是一项长期的、艰巨的基础性战略任务，一定要系统谋划、有序推进，特别要尽快进行顶层设计，探索制度安排和政策跟进的有效途径，加快形成新型职业农民培育的政策和措施体系，激励农业生产经营能人愿意留下来、大中专毕业生愿意到农村兴业创业成为职业农民，让更多高素质农民通过教育培训成长为职业农民。曾一春（2012）认为，要抓紧制度顶层设计，明确培养对象，建立和完善教育培训体系，落实相关配套扶持政策，努力实现新型职业农民培育工作的突破。张洪（2017）认为，培育新型职业农民急需政策保障。闫志利和蔡云凤（2014）认为，建立和完善新型职业农民培育的政策支持体系已成当务之急。珮鑫（2015）、王庆云等（2015）、张中华（2016）认为，新型职业农民培育需要政策的大力扶持和保障，政策是新型职业农民培育的关键所在。

1.3.2 关于新型职业农民培育政策演变研究

2004 年，21 世纪第一个中央一号文件诞生，提出要加强对农村劳动力的职业技能培训。2005 年，农业部首次将职业农民作为农村实用人才培养对象，在我国开启了职业农民培养的先河。2012 年中央一号文件突出强调加快农业科技创新，首次提出要大力培育新型职业农民。随后每年的中央一号文件都不同程度地提出了新型职业农民培育政策。此外，2014 年，教育部办公厅、农业部办公厅联合印发了《中等职业学校新型职业农民培养方案试行》。2017 年，农业部印发了《"十三五"全国新型职业农民培育发展规划》。这些纲领性文件有力地推动了地方各级人民政府出台相应的政策性文件。

由于近年来国家陆续出台了有关新型职业农民培育政策，学术界也跟随着手研究新型职业农民培育政策的萌发、演进、变迁、趋势、沿革和完善等问题。孙书光和翟印礼（2015）重点分析和评价了历年中央一号文件关于新型职业农民培育的政策，提出将来中央一号文件还需要在"人"的方面出台相关的政策，包括：深刻领会党的惠农政策，选好配强致富带头人；弘扬科学的乡村文化，切实加强农村精神文明建设；加强教育资金投入，完善农村职业教育体系。纪文婷（2015）对我国新型职业农民培育政策的萌发与完善进行研究。肖菲和王桂丽（2016）基于政策文本分析法，对我国新型职业农民培育政策沿革进行探究，从当前政策文本看，其主要对新型职业农民的内涵、培育试点、培育主体、培育经费投入以及资格认定方面进行相关规定，体现出政策的延续性与层次性、部门的合作性与协调性、内容的完善性与科学性等特点；从现有政策看，其在立法保障、公平性、执行性和效益性方面依然有拓展和完善的空间。吕莉敏（2017）在对2012～2017年新型职业农民相关政策文件的整理与归纳的基础上，提出政策呈现出新型职业农民的内涵不断发展与丰富、来源与培育对象不断拓展、培育体系逐步完善、培训的政策越来越全面等方面的特点，产生了各级政府注重顶层设计、培育经费持续增长、制度环境不断完善、职业教育培训工作全面展开等积极效应，但也存在缺乏立法保障、尚未形成长效的投入机制、政策的精准度不够、缺乏有效的监管与激励制度等不足。

1.3.3 关于新型职业农民培育政策优化研究

根据相关研究文献，关于新型职业农民培育政策优化建议主要围绕新型职业农民认定制度（包括职业资格证书制度、劳动准入制度、执业资格制度等）、扶持优惠制度、培训制度、财税政策、金融政策等方面进行研究。张桃林（2012）认为，新型职业农民培育要力求取得六大新突破。一要强化政策扶持，在增大农业农村创业兴业吸引力上取得新突破。二要完善农民教育培训体系，在为农民提供长效性教育培训服务上取得新突破。三要切实将教育优惠政策向农民倾斜，在解决农民半农半读、享受国家助学和免学费政策上取得新突破。四要不断深化教育教学改革，在创新人才培养模式下提高人才培养质量上取得新突破。五要在适度规模化生产经营领域，探索建立农业资格准入制度，在规模化经营领域持证经营上取得新突破。六要加快推进农民教育培训立法，在依法保障农民教育培训权益上取得新突破。曾一春（2012）认为，配套扶持政策包括实施并完善绿色证书制度、实行技能服务行业持证上岗、建立新型职业农民培育的目标责任机制、落实新型职业农民培育的投入保障机制等。吴易雄（2014a）在湖南省株洲市、湘乡市、平江县三县市调查的基础上，提出国家要抓好新型职业农民培养扶持政策顶层设计，参照义务教育、农村医疗的做法，按照培训持证农民的数量，测算经费投入标准并明确各级财政的承担比例。农业部门要制定新型职业农民扶持奖励办法，明确惠农政策具体途径、重点支持对象、额度、发放形式、支持环节、操作规程，出台水稻、生猪、农机等相关政策性补助资金向新型职业农民奖励倾斜、农业项目重点向新型职业农民倾斜政策，将新型职业农民优先选定为科技示范户。有条件的地方，可成立新型职业农民发展基金，建立国家、省财政资助的农业专项贷款体系，出台新型职业农民与城镇职工享受同等的养老、医疗等社会保障待遇政策，进一步使新型职业农民队伍安心从事农业生产经营工作。沈红梅等（2014）认为，建立新型职业农民培育创新制度，强化政策法规建设，一要加快建立多元办学的教育机制，形成农业科研院校、涉农技术推广中心、农业培训机构和农民合作组织等多主体协同参与的培训体系和机制；二要制定农民培训工作的法规和政策实施细则，促使职业农民的培育工作制度化；三要建立相关考核评价、激励、监督和协调的长效机制，使农民培训工作常规化、科学化；四要建立职业农民准入制度，为职业农民培育提供从业准则保障；五要创造制度，促使职业农民的收入高出其他外出打工者的收入，吸引城乡人才甘愿加入职业农民行列，繁荣职业农民培育市场。吴易雄（2014b）在对湖南省平江县和醴陵市的新型职业农民培育状况进行实证分析的基础上，提出要制定操作性强、切实可行的"新型职业农民培育队伍建设工作方案"、"新型职业农民认定管理办法"和"新型职业农民扶持奖励暂行办法"，对培训合格的农民在充分尊重其意愿的基础上，依据认定条件、认定标准、认定程序，进行职业农民认定，建立完整的数据库和信息管理系统，实施动态管理，建立能进能出机制，对不再符合新型职业农民条件的，按规定程序予以退出，不再享受相关扶持政策。胡林招（2014）提出，要完善政府对新型职业农民培育的制度供给，包括实行新型职业农民职业资格证书制度、制定各种优惠政策对新型职业农民给予重点扶持、制定和修改各项涉农法规，完善激励机制。吴易雄（2015）结合湖南省农业信息化和新型职业农民培养状况，提出了基于农业信息化培养新型职业农民的政策框架。肖俊彦（2016）认为，培育新型职业农民的核心政策内容是"一网三保"，即构建农户经济安全网，提供农业生产经营保障、农户收入生活保障、农民社会福利保障，培育核心农户。其主要目标是，在10～20年培育1000万～1500万个经营规模为100亩[①]以上的农产品生产主体，

[①] 1亩≈666.7平方米。

使总耕地的 1/2～3/4 保持持久稳定高效的生产。政策措施包括提供农业生产经营保障、提供农户收入生活保障、提供农民社会福利保障、辅助性政策支持、现存国家农业支持政策增量向新型职业农民倾斜五个方面。在政策操作实施上，关于国家层面与地方层面的支持对象认定方面，国家层面支持对象以经工商行政管理部门、民政社团管理部门登记注册的农业经营主体为主，财政补贴资金由国家承担为主；地方政府可以根据国家层面的标准与政策，制定适合本地的认定标准与政策。在政策实施重点上，主要涉及农产品品种及区域、家庭农场范围；在政策创新上，至少在政策工具、部门协同、国家和地方协同三个方面需要政策创新。在政策工具方面，要建立新型职业农民规范标准、农户贷款与信用担保体系、农户收入与福利保障制度等。在部门协同方面，要打破部门分割封闭，实现农业、财政、金融、工商、社会保障、民政、统计等相关部门充分协同，建立相关协调一致的制度，整合资源，互享信息，形成政策合力。在国家和地方协同方面，要改变相互"钓鱼"的弊端，国家层面要发布明确的支持标准和重点，避免流于模糊、分散，国家层面与地方层面的政策通道分开，直达农家，农户可以享受双重支持，形成明确有力的政策激励。苑梅（2016）从建立以政府为主导的职业农民培育体系、建立以税收优惠政策为主的农业生产保障模式、构建多元化职业农民培育资金投入机制等方面针对培育新型职业农民的财税政策提出建议。何晓琼和钟祝（2018）认为，要加强资源保护和科技推广政策、农业补贴政策、农业金融信贷政策、农业保险政策等政策支持。

1.3.4 关于新型职业农民培育政策执行研究

学术界结合省域、地方的具体情况开展了不少有关新型职业农民培育政策实施效果的研究。植玉娥（2015）指出，成都市新型职业农民培育的扶持政策主要包括产业扶持政策、科技扶持政策、社保补贴政策、创业补贴政策及金融支持政策五大类。其中，社保补贴政策、产业扶持政策基本符合农民需求，评价效果较好；金融支持政策、科技扶持政策和创业补贴政策评价效果较差；在宣传方式、扶持力度、培育经费、监管体系等方面还需要进一步完善；产业扶持政策、科技扶持政策、创业补贴政策、金融支持政策、社保补贴政策对新型职业农民培育扶持政策的满意度有直接影响，文化程度、家庭人口总数、农业基础设施、农业规模化水平、农业科技化水平直接影响农户对扶持政策的满意度，而外出务工人数、农业收入占家庭总收入的比重、扶持政策宣传方式和支持力度间接影响农户对扶持政策的满意度。刘思含（2016）对培育新型职业农民政策执行中政府工具的选择进行研究，提出多种政府工具细化组合使用、混合性工具中将依靠政府补贴转为公共经费与私人经费结合、完善强制性政府工具的运用等政策建议。付绪勇（2017）认为，政策扶持了成功典型，也存在着多头多次发放农业补贴从而造成部门发放成本和农民领取成本高、惠农政策没有有效落实、补贴对象欠公平等问题。陈玲（2017）基于三圈理论视角以广西壮族自治区桂林市兴安县为例对新型职业农民培育政策执行情况的分析表明，新型职业农民培育政策在执行过程中逐渐体现了明确的公共价值导向，初步形成了新型职业农民培育政策执行网络，逐步壮大了这一政策的支持力量，但是在具体的新型职业农民培育政策执行过程中还存在着三大方面的问题，即新型职业农民培育政策执行实现的价值面狭窄问题、新型职业农民培育政策执行力不足问题、缺乏雄厚的群众支持力量问题。

1.4 新型职业农民培育政策研究趋势

通过上述分析，不难发现，学术界关于新型职业农民培育政策研究的发展趋势是很明显的，即研究群体由单一性向多样性转变、研究水平由低水平向高水平转变、研究内容由抽象性向具体性转变、研究方法由定性化向定量化转变，这为我国高质量培养乡村振兴人才提供了重要指导。

1.4.1 研究群体由单一性向多样性转变

在"互联网+"农业、农业农村现代化进程中，新型职业农民培育政策研究除需现有的高校研究者参与外，更需社会各界理论研究与实践人员参与，如政府相关部门的政策制定与管理者、农业科研专家、统一战线研究者等各级各类群体，从而实现从不同角度、不同立场多层次多维度对新型职业农民培育政策进行研究，为进一步推进和完善新型职业农民培育体系提供更多意见和建议。

1.4.2 研究水平由低水平向高水平转变

随着国家对新型职业农民重视程度的加深，新型职业农民培育政策研究成果数量将保持上升趋势，但研究成果层次和水平需要不断提升，在社会各界研究者共同努力下，瞄准新型职业农民培育政策最前沿的问题开展研究，产生更多优秀成果在高水平学术刊物上发表。

1.4.3 研究内容由抽象性向具体性转变

在政策建议研究上，主要是从新型职业农民的认定扶持、培训、财税、金融等方面提出政策建议，还需基于实地调研，结合不同地区情况，参考国内外先进经验和做法，进一步提出可操作性的、具体化的、个性化的政策建议。

1.4.4 研究方法由定性化向定量化转变

在研究方法上，需要有更多质性和量化的研究方法应用于新型职业农民培育政策发展演变和政策文本分析上，从而突破现有针对演进和政策文本分析文献数量少并以经验研究为主的问题，让研究方法更科学、研究结论更全面和完善。可以研判，学术界结合各地具体政策执行情况，针对政策执行的实证研究将不断进行丰富和发展。

第2章 新型职业农民培育政策研究理论基础

新型职业农民培育政策涉及产业定位、生产技术、经营管理、业态发展、要素配置、市场对接以及教育培训、产业扶持、金融保险、人才激励和社会保障等多个方面，这既是一个农村经济问题，也是一个农村教育问题，还是一个农村管理问题，因而全面深入研究这些问题，需要综合运用经济学、教育学和管理学等多学科的理论，具体应用前景理论、人力资本理论、劳动力流动理论、比较优势理论、规模经济理论、制度变迁理论等不同学科理论，作为新型职业农民培育政策研究的重要理论基础。

2.1 前景理论

1979年美国普林斯顿大学心理学教授丹尼尔·卡内曼（2002年度诺贝尔经济学奖获得者）和特沃斯基（Tversky）提出前景理论（展望理论），该理论是决策论的期望理论之一，是行为经济学的重大成果之一，认为个人基于参考点位置的不同，会有不同的风险态度。该理论将来自心理研究领域的综合洞察力应用于经济学中，尤其是在不确定情况下的人为判断和决策方面做出了突出贡献，针对长期以来沿用的理性人假设，从实证研究出发，从人的心理特质、行为特征揭示影响选择行为的非理性心理因素。

前景理论通过一系列实验观测认为，人在不确定条件下的决策选择取决于结果与展望（预期、设想）的差距而非结果本身，即人在决策时，会在心里预设一个参考标准，然后衡量每个决定的结果与这个参考标准的差别是多大。由此引申出前景理论的三个基本结论是：大多数人在面临获利时是风险规避的；大多数人在面临损失时是风险喜好的；大多数人对得失判断往往根据参考点决定。简言之，人在面临获利时，不愿冒风险；在面临损失时，人人都成了冒险家，而损失和获利是相对于参照点而言的，改变评价事物时的参照点，就会改变对风险的态度。

在本书中利用前景理论主要是实证研究新型职业农民培育政策绩效评价、落实及需求等问题，厘清新型职业农民进行生产、经营和管理所面临的风险与所获得的收入的关系。

2.2 人力资本理论

人力资本理论最早起源于经济学研究。20 世纪 60 年代，美国经济学家舒尔茨和贝克尔创立人力资本理论，开辟了关于人类生产能力的崭新思路。该理论认为，人力资本是体现在人身上的资本，即对生产者进行教育、职业培训等支出及其在接受教育时的机会成本等的总和，表现为蕴含于人身上的各种生产知识、劳动与管理技能以及健康素质的存量总和。

人力资本管理不是一个全新的系统，而是建立在人力资源管理基础上，综合"人"的管理与经济学的"资本投资回报"两大分析维度，将企业中的人作为资本来进行投资与管理，并根据不断变化的人力资本市场情况和投资收益率等信息，及时调整管理措施，从而获得长期价值回报。传统人力资源管理不仅没有过时，而且是人力资本管理的技术基础。人力资本管理正是通过整合人力资源管理的各种手段而获得更高水平的价值实现。人力资本管理注重投资与回报之间的互动关系，并结合市场分析制订投资计划，因而相对来说更为理性，对市场变化更为敏感，侧重点和衡量尺度更为明确，可结合经济学分析模型进行更长远的预测，从而前瞻性地采取行动。

根据定义，可以从两个方面来理解人力资本管理。一方面，对人力资源外在要素——量的管理。对人力资源进行量的管理，就是根据人力和物力及其变化，对人力进行恰当的培训、组织和协调，使两者经常保持最佳比例和有机结合，使人和物都充分发挥出最佳效应。另一方面，对人力资源内在要素——质的管理，主要是指采用现代化的科学方法，对人的思想、心理和行为进行有效管理（包括对个体和群体的思想、心理和行为的协调、控制和管理），充分发挥人的主观能动性，以达到组织目标。

在本书中利用人力资本理论主要是实证研究新型职业农民知识建构及终身学习等问题、如何有效管理新型职业农民和大幅提升新型职业农民人力资本含量、如何实现新型职业农民全面发展，以更好地做大做强农村一二三产业。

2.3 劳动力流动理论

劳动力流动是指劳动力为获得更高的劳动报酬在地区间、产业间、部门间、就业状态间、企业间和工作间的转移，是劳动力商品化的结果，是劳动力追求价值最大化的直接表现。

发展经济学主要研究劳动力的城乡流动，经典的刘易斯-费景汉-拉尼斯二元经济模型认为，劳动力流动的原因是农业劳动生产率低于工业，劳动生产率的差距表现为工资收入的差距。

依据劳动力流动理论可以预判，随着强农惠农富农政策的有效供给和乡村振兴战略的深入实施，城乡差别会越来越小，城市劳动力也会逐渐向农村转移，新型职业农民会成为人们向往的职业。

在本书中利用劳动力流动理论主要是研究制定什么样的新型职业农民培育政策并在农村实施生效，以吸引和带动城市劳动力进入农村以及稳定乡村劳动力在农村创业就业，为城乡劳动力提供宽松的创业就业环境。

2.4　比较优势理论

比较优势理论是20世纪70年代中期由日本一桥大学的小岛清（Kiyoshi Kojima）教授发展提出的，是在绝对成本理论的基础上发展起来的。根据比较优势原理，一国在两种商品生产上较之另一国均处于绝对劣势，但只要处于劣势的国家在两种商品生产上劣势的程度不同，处于优势的国家在两种商品生产上优势的程度不同，则处于劣势的国家在劣势较轻的商品生产方面具有比较优势，处于优势的国家则在优势较大的商品生产方面具有比较优势。两个国家分工专业化生产和出口其具有比较优势的商品，进口其处于比较劣势的商品，则两国都能从贸易中得到利益。也就是说，两国按比较优势参与国际贸易，通过"两利取重，两害取轻"，两国都可以提升福利水平。

在本书中利用比较优势理论主要是研究制定新型职业农民培育政策过程中，对我国及美国现有新型职业农民培育政策进行比较，按照"两利取重，两害取轻"的原则，如何优化和完善我国新型职业农民培育政策。

2.5　规模经济理论

规模经济理论是经济学的基本理论之一，也是现代企业理论研究的重要范畴。它是指在一特定时期内，企业产品绝对量增加时，其单位成本下降，即扩大经营规模可以降低平均成本，从而提高利润水平。从经济学说史角度看，规模经济理论的创始人——亚当·斯密在《国民财富的性质和原因的研究》（简称《国富论》）

中指出，劳动生产上最大的增进以及运用劳动时所表现的更多的熟练、技巧和判断力，似乎都是分工的结果。由于劳动分工的基础是一定规模的批量生产，可以说亚当·斯密的理论是规模经济的一种古典解释。

真正意义的规模经济理论起源于美国，它揭示的是大批量生产的经济性规模。典型代表人物有马歇尔（Alfred Marshall）、张伯伦（E. H. Chamberlin）、罗宾逊（Joan Robinson）和贝恩（Joe S. Bain）等。

马歇尔在《经济学原理》中提出，大规模生产的利益在工业上表现得最为清楚，大工厂的利益在于专门机构的使用与改革、采购与销售、专门技术和经营管理工作的进一步划分，并论述了规模经济形成的两种途径，即依赖于个别企业对资源的充分有效利用、组织和经营效率的提高而形成的"内部规模经济"及依赖于多个企业之间因合理的分工与联合、合理的地区布局等形成的"外部规模经济"，进一步研究了规模经济报酬的变化规律，即随着生产规模的不断扩大，规模报酬将依次经过规模报酬递增、规模报酬不变和规模报酬递减三个阶段。此外，马歇尔还发现了由"大规模"带来的垄断问题以及垄断对市场价格机制的破坏作用。规模经济与市场垄断之间的矛盾就是著名的"马歇尔冲突"（Marshall's dilemma），说明企业规模不能无节制地扩大，否则所形成的垄断组织将使市场失去"完全竞争"的活力。之后，英国经济学家罗宾逊和美国经济学家张伯伦针对"马歇尔冲突"提出垄断竞争的理论，使传统规模经济理论得到补充。

传统规模经济理论的另一个分支是马克思的规模经济理论。马克思在《资本论》中提出，社会劳动生产力的发展必须以大规模的生产与协作为前提，大规模生产是提高劳动生产率的有效途径，是近代工业发展的必由之路，在此基础上，才能组织劳动的分工和结合，才能使生产资料由于大规模积聚得到节约，才能产生那些按其物质属性来说适于共同使用的劳动资料，如机器体系等，才能使巨大的自然力变为生产服务，才能使生产过程变为科学在工艺上的应用。马克思还指出，生产规模的扩大，主要是为了实现产、供、销的联合与资本的扩张，降低生产成本。显然，马克思的理论与马歇尔关于"外部规模经济"和"内部规模经济"的论述具有异曲同工的结果。新古典经济学派从生产的边际成本出发，认为只有当边际收益等于边际成本时，企业才能达到最佳规模。

在本书中利用规模经济理论主要研究新型职业农民如何适度规模发展乡村产业和农业企业问题，以获得理想的民营经济收入。

2.6 制度变迁理论

20世纪70年代前后，制度变迁理论旨在解释经济增长的研究受到长期经济史研究的巨大推动，最终把制度因素纳入解释经济增长中来。制度变迁理论经济学意义上的制度，是一系列被制定出来的规则，服从程序和道德、伦理的行为规范，诺思称之为"制度安排"。制度安排指的是支配经济单位之间可能合作与竞争的方式的一种安排。制度安排旨在提供一种使其成员的合作获得一些在结构外不可能获得的追加收入，或提供一种能影响法律或产权变迁的机制，以改变个人或团体可以合法竞争的方式。

美国经济学家、诺贝尔经济学奖获得者道格拉斯·C.诺思（Douglass C. North）在研究中重新发现了制度因素的重要作用，提出制度变迁理论由三个部分构成，即描述一个体制中激励个人和团体的产权理论；界定实施产权的国家理论；影响人们对客观存在变化的不同反映的意识形态理论，制度变迁和制度创新都是指这一意义上的制度。诺思成为新制度经济学的代表人物之一。

制度变迁理论大体经历了三个历史时期，第一个时期是以凡勃伦为创始人的开创性历史时期，制度的概念得以创立并用"累积因果论"来解释制度的变迁；第二个时期是以约翰·莫里斯·克拉克为代表对制度变迁理论继承和发展的时期，涉及对资本主义企业的分析，制度与技术相互作用等问题；第三个时期是以加尔布雷斯为代表的新制度经济学和以科斯、诺思等为代表的新制度学派蓬勃发展时期，研究成果卓著。

在本书中利用制度变迁理论主要是总结提炼保障我国新型职业农民培育政策实施的现有机制，研究如何建立新型职业农民培育政策实施的机制。

2.7 人的全面发展理论

人的全面发展最根本的是指人的劳动能力的全面发展，即人的智力和体力的充分、统一的发展。同时，也包括人的才能、志趣和道德品质的多方面发展。科学素质是人的全面发展的内在要求。人的发展同其所处的社会生活条件是相联系的，旧式分工造成了人的片面发展，机器大工业生产提供了人的全面发展的基础和可能，社会主义制度是实现人的全面发展的社会条件。生产劳动同智育和体育相结合，不仅是提高社会生产的一种方法，而且是造就全面发展的人的唯一方法。

马克思主义从分析现实的人和现实的生产关系入手，指出了人的全面发展的条件、手段和途径，认为人的全面发展是人的体力和智力的充分、自由、和谐的发展。古希腊哲学家亚里士多德主张"和谐教育"。夸美纽斯在其名著《大教学论》中提出泛智教育的理想,希望所有人都受到完善教育,使之得到多方面发展,成为和谐发展的人。法国启蒙思想家卢梭是自然主义教育思想的代表,认为教育的目的和本质是促进人的自然天性,即自由、理性和善良全面发展。瑞士教育家裴斯泰洛齐倡导教育应以善良、意志、理性、自由及人的一切潜在能力的和谐发展为宗旨。

在本书中利用人的全面发展理论主要是研究新型职业农民创建农产品品牌所具备的智力、体力、才能、志趣和道德品质。在此基础上,研究如何培育新型职业农民生产农产品所具备的贸易竞争优势和农产品电商发展策略。

2.8 社会信任理论

社会信任理论的出发点是互动。西美尔认为,正是互动形成了人们之间的复杂关系,形成了社会。个人之间的互动是所有社会构成形成的起点。社会生活真实的历史起源仍然晦暗不明,但不管怎样,一种系统的发生学分析一定要从这个最简单、最直接的关系出发,即使到了今天,这种关系也仍然是无数新的社会构成形式的源泉。

社会信任理论的基本观点:信任是重要的社会综合力量,从人格信任到系统信任,信任不同于弱归纳性知识,信任中存在超验的因素。信任首要原则是不可能管理信任,只可能管理可信赖的行为,没有不确定性的合作就不是信任的表现,社会信任理论指出权力与信任是相互矛盾的,权力可以使人的行为符合要求,完全不会有不确定的危险,但权力不但不会增强信任,反而会减少信任。

在本书中利用社会信任理论主要是研究如何构建及应用新型职业农民培育云平台,解决新型职业农民与创客供求信息不对称的困境。

第3章 新型职业农民培育政策绩效评价

自2012年中央一号文件首次提出要大力培育新型职业农民以来，中央和地方出台了一些新型职业农民培育政策。深入开展新型职业农民培育政策绩效评价，科学构建新型职业农民培育政策体系，对提升新型职业农民培育质量、更好地服务乡村人才振兴具有重要意义。目前，学术界从多个方面关注新型职业农民培育绩效问题。

从国外看，主要从评估内容、影响因素和改善方案等方面对新型职业农民培育绩效进行评估研究。①评估内容，涵盖农作物多样性（Gondwe et al.，2017）、小农户创业和组织能力的提升（Opolot et al.，2018）、农民获取的生产实践知识（Balamohan et al.，2019）。②影响因素，涉及个体特征、培训质量、外部环境、培训供给者、社区网络结构对农民知识收集能力的影响（Pratiwi and Suzuki，2017），以及社会、地理网络对新技术采用及溢出过程的影响（Nakano，2018）。③改善方案，包括开发组织、企业及公共推广机构培训课程（Kataike et al.，2018），以及规划培训、生产培训、指导技术推广（Whitley et al.，2018）。

从国内看，主要从评估主体和方向开展绩效评估研究。①以新型职业农民为主体，包括：主观指标，如参训时间、训后效益、新技术掌握（周杉等，2017）；客观指标，如一般发展指数（童洁等，2015），以及农作物增产、生态效益、收入效应（李宝值等，2019）。②以培训机构为主体。例如，绿色证书与实用技术培训人次、学历教育与职业技能培训人数（吕雅辉等，2018）。③内容横向扩展。例如，情景考量、资源投入、学习过程、支持服务、效果评价（何学军，2017）；网络时代农民信息获取实践项目建设和知识建构（李红艳等，2019）。④过程纵向延伸。例如，反应、认知、迁移及维持框架；背景、投入、过程和产出评估（张笑宁等，2018）。

综合国内外研究情况，不难发现，已有研究主要是针对新型职业农民培育绩效进行研究，缺乏对新型职业农民培育政策需求及满意度的实证研究，也尚未对新型职业农民培育政策绩效评价的方式、方向、程度及监测机制进行探究，因而现有扶持新型职业农民培育的政策的现实性、针对性和决策参考价值亟待加强。

因此，本章重点从两个方面研究新型职业农民培育政策绩效评价问题：一方面，以行为经济学"前景理论"为基础，采用结构方程模型，对影响新型职业农民培育政策绩效的路径、方向及程度进行动态跟踪与评价监测；另一方面，深入探讨新型职业农民的年龄、教育程度、收入水平等特征因素对不同群组的异质性影响效应，揭示新型职业农民培育政策存在的问题及其原因，及时、客观地掌握培育政策实施的质量和水平，增强培育政策扶持的有效性和精准性。

基于此，本章以行为经济学"前景理论"为基础（Kahneman and Tversky，1979，1992），对传统期望效用理论进行修正，从编辑和评价两个阶段分析新型职业农民思考和认知后的决策行为。这一决策过程取决于两个方面：一方面取决于新型职业农民自身的年龄、性别、文化程度、收入状况、家庭特征等内在禀赋因素，这些禀赋因素决定着新型职业农民对培育政策收入预期形成的异质性预判，这种判断对新型职业农民主体的最终角色定位具有重要的导向作用；另一方面取决于政策、市场等外部环境因素影响，最终形成对培育政策是否满意的决策评价行为。新型职业农民在编辑阶段会搜集培育政策的支持性、接受性、激励性和农业农村现代化建设中的农业规模化、科技化、基础设施水平等环境信息，以此确定培育政策绩效评价决策中的"基线"。这些因素同时会对决策主体形成资金、法制等方面的约束，影响其行为演化路径、程度及收敛性的机理。

3.1 新型职业农民培育政策绩效评价假设推演

一般而言，影响新型职业农民培育政策绩效评价行为的因素有两个。一是个体主观价值判断，前景理论通过价值函数的方式对其进行刻画，呈现出"S"状函数形式且具有参照依赖、损失厌恶和灵敏度递减的重要特性。在理性经济人假设情况下，新型职业农民在培育政策实施过程中追求效用最大化，若新型职业农民感受到效用损益增加时，其对培育政策便会形成倾向性支持或赞成，拥护度和参与度也较高，反之则会反对或阻挠。二是个体对培育政策带来的收入增加概率的感知，前景理论采用权重函数予以表述，因新型职业农民个体对收入增加概率的感知在不确定性条件下会产生偏差，故权重函数包含着决策概率与现实概率之间的内在逻辑关联。价值函数和权重函数共同决定着前景值，决定着新型职业农民对培育政策的综合评价，进而作为决策依据。基于新型职业农民培育政策绩效满意度行为决策理论模型（图3-1），本章假设推演过程如下。

新型职业农民不是自然而然就可以形成的，而是需要在特定的环境下生成。土地制度、农业组织制度、政府支持与服务及农民教育制度是新型职业农民生成

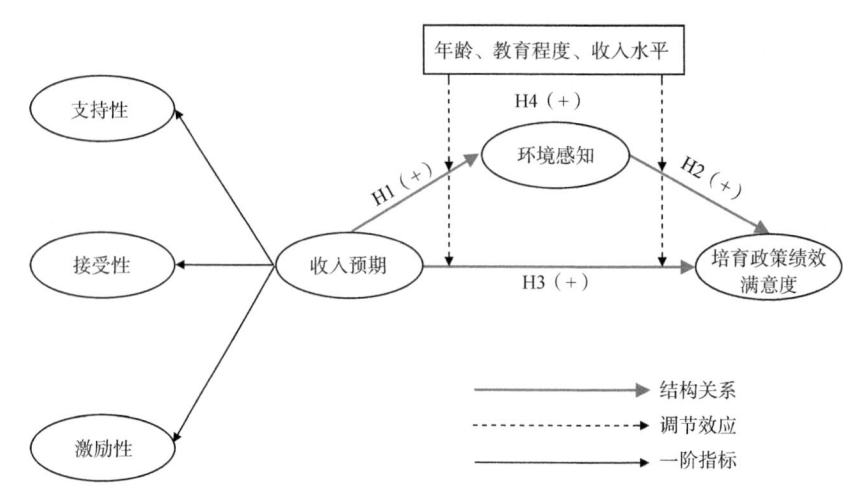

图 3-1　新型职业农民培育政策绩效满意度行为决策理论模型

的重要环境因素（朱启臻和胡方萌，2016）。在农业农村现代化背景下，新型职业农民对规模化水平、科技化水平、基础设施水平存在着环境感知。这些因素影响着新型职业农民认知及对持续增收的预期判断。新型职业农民所处地区农业农村现代化存在着如道路、水电、通信网络等农业基础设施是否完善、进程快慢等异质性特征。这些资源禀赋及政策环境约束显著影响着生产经营管理能力、新技术新方法推广应用、农民收入增加、组织化程度提升等方面反映的培育政策所产生的收入预期（夏益国和宫春生，2015；钟涨宝和贺亮，2016），且对外部环境变化形成信息反馈，直接决定着对培育政策的绩效评价并产生波及效应。

因此，本章提出 H1：环境感知对新型职业农民收入预期和培育政策绩效满意度之间的关系强度起中介作用。

年轻者、年长者等社会角色因素也是影响培育政策绩效满意度的重要因素，并且呈现类型分化特征。年轻者更容易接受当前教育，也会产生较高的满意度。这是因为，年轻者的从业时间较短，因而更倾向于选择专业技能型或专业服务型的，以提高农业从业能力；年长者的生产实践经验丰富，因而更倾向选择全面化、长链条的生产经营型的（张亮等，2010），而且年龄越大，越倾向于维持现状，工作转换机会成本也会越高。

因此，本章提出 H2：年龄因素通过环境感知对培育政策带来的新型职业农民收入预期和培育政策绩效满意度之间的关系强度起调节作用。

人力资本理论认为，任何制度都是对实际生活中存在需求的响应，农民作为人力资本是农业经济增长的主要源泉，农民培育必须增加人力资本投资，以有效提升农业劳动力质量，实现人力资本回报（舒尔茨，1987）。新型职业农民受教育状况是影响培育政策评价的重要因素,受教育状况与对培育政策绩效满意度呈正相关。教育程度越高的新型职业农民,对新技术使用频率越高,其收益也显著增加(Putler and Zilberman,1988)。在长期学习积累过程中,新型职业农民对知识价值认同度高,学习热情度高,知识吸收接纳程度高,心理需求预期高,因而对教育培训工作更加支持,但高学历者容易受到从业经验少、从业规模小的现实约束。教育程度较低的新型职业农民,往往容易忽略教育培训的重要性,参与积极性、接受性较低,政策满意度亟待提高。

因此,本章提出 H3:教育程度通过环境感知对培育政策带来的新型职业农民收入预期和培育政策绩效满意度之间的关系强度起调节作用。

新型职业农民收入水平会对培育政策态度产生重要影响。收入水平越高,再教育的接受度越高,参与性越强,越容易支持培育政策实施,体现了新型职业农民的异质性特征影响。具体而言,综合型培训对低收入新型职业农民有显著收入效应,而专题型培训对高收入新型职业农民有显著收入效应(李宝值等,2019)。新型职业农民农业收入占比越高,其生产规模相对越大,获得的扶持政策越多,有助于新型职业农民自身技能提升,有利于新型职业农民发展乡村产业,培育政策的落地对新型职业农民持续增收效果明显(康静萍和汪阳,2015),因而提高农业生产收益尤为关键。

因此,本章提出 H4:收入水平通过环境感知对培育政策带来的新型职业农民收入预期和培育政策绩效满意度之间的关系强度起正向调节作用。

3.2 新型职业农民培育政策绩效评价方法论

3.2.1 样本与数据收集

为深入研究新型职业农民对培育政策的反应情况,基于前景理论及决策理论模型,对全国东部、中部、西部、东北地区典型省市的新型职业农民培育政策绩效满意度评价情况的调查数据进行实证检验。以湖南、湖北、四川、云南、海南、广东、北京、浙江和吉林等地的新型职业农民为调研对象,重点就新型职业农民个体特征、家庭特征、培育政策支持特征、培育外部环境特征、培育政策绩效满意度评价等 5 个变量 16 个最终题项开展问卷调查,共发放调查问卷 430 份,收回有效问卷 427 份,问卷有效率为 99.3%,满足结构方程模型的样本要求。样本基本情况如表 3-1 所示。

表 3-1 样本基本情况

变量	类别	百分比	变量	类别	百分比
性别	男	76.4%	家庭外出务工人数	1 人	61.1%
	女	23.6%		2 人	27.4%
年龄	30 岁以下	5.2%		3 人	8.2%
	30～45 岁	56.4%		4 人	2.6%
	45 岁及以上	38.4%		5 人及以上	0.7%
文化程度	小学	4.0%	家庭人均年收入	2 万元及以下	30.4%
	初中	38.2%		2 万～4 万元	28.8%
	高中及中专	35.6%		4 万～6 万元	17.8%
	大专及以上	22.3%		6 万～8 万元	11.0%
是否为村干部	是	19.0%		8 万元以上	11.9%
	否	81.0%	家庭农业收入占比	20%及以下	32.1%
家庭人口数	1 人	0.9%		20%～40%	24.4%
	2 人	1.6%		40%～60%	16.2%
	3 人	20.1%		60%～80%	12.4%
	4 人	26.9%		80%以上	15.0%
	5 人及以上	50.4%			

资料来源：根据调查问卷统计整理

注：由于四舍五入，百分比合计可能不等于100%

从表 3-1 可以看出，调查样本中，性别方面，男性占比 76.4%，远远高于女性 23.6%的比例，说明男性在学习农业新知识、新技能方面投入更多，更容易成为新型职业农民；年龄方面，45 岁及以上比例高达 38.4%，而 30 岁以下所占比例仅为 5.2%，年龄越大越难以成为新型职业农民，农村人口结构具有不协调特征，这也进一步印证了农村空心化、农民老龄化、农业兼业化问题日益严重所带来的挑战；文化程度方面，高中及以下所占比例超过 75%，而大专及以上层次所占比例相对较少，仅为 22.3%；家庭外出务工人数以 1～2 人居多，将近 90%，多数是中青年劳动力；家庭人均年收入 4 万元以下的接近 60%，并且家庭农业收入占比在 40%以上的比例接近 50%。由此可见，调查样本的老龄化、低收入、受教育程度低、传统经营方式普遍等基本特征决定着其能够直接、客观、真实地反映新型职业农民培育政策绩效评价情况。

3.2.2 样本变量测量

新型职业农民的收入预期由培育政策支持性、接受性和激励性三个方面反映。

其中，支持性：政策支持力度、对扶持政策的宣传、农业技术推广服务，Cronbach's α 值为 0.856。接受性：免费教育培训、税收减免优惠、农用地管理、用水价格，Cronbach's α 值为 0.815。激励性：农业保险、农业生产、土地流转、规模种植、创业等补贴，Cronbach's α 值为 0.915。

参照徐辉等（2018）的研究，环境感知选取农业规模化、农业科技化、农业基础设施作为外部环境条件，Cronbach's α 值为 0.889。培育政策绩效满意度，考量产业扶持、科技扶持、金融支持、财政支持情况，Cronbach's α 值为 0.932。

本章量表设计结合了新型职业农民实地访谈和专家咨询的结果，存在自行设计的新题型，且考虑到量表中多个影响因子之间可能存在多重共线性的问题，对各个测量变量进行探索性因子分析。

参照 Berdie（1989）的研究经验，除个人及家庭基本特征部分外，本章问卷设计全部采用 5 级利克特量表测度，让受访者根据自己的实际情况分别打分赋值，"1、2、3、4、5"分别表示"很不满意、不太满意、一般、较满意、很满意"。

根据 Tabachnica 和 Fidell（2007）提出的标准，因素负荷量大于 0.55、多元相关系数的平方（squared multiple correlations，SMC）大于 0.3 为良好；因素负荷量大于 0.45、SMC 大于 0.2 为普通；因素负荷量大于 0.32、SMC 大于 0.1 为可接受。具体问卷信度和效度检验结果如表 3-2 所示。

表 3-2 问卷设计信度和效度检验

构面	项目	Unstd.	Std.	S.E.	t-value	P	SMC	KMO	Bartlett	CR	AVE
培育政策绩效满意度	SAT1	1.000	0.812				0.659	0.807	0.000	0.931	0.773
	SAT2	0.965	0.840	0.047	20.555	***	0.706				
	SAT3	1.104	0.924	0.047	23.733	***	0.854				
	SAT4	1.094	0.934	0.045	24.066	***	0.872				
支持性	SUP1	1.000	0.879				0.773	0.703	0.000	0.863	0.680
	SUP2	0.818	0.689	0.053	15.551	***	0.475				
	SUP3	0.979	0.890	0.051	19.118	***	0.792				
接受性	ACP1	1.000	0.733				0.537	0.692	0.000	0.794	0.565
	ACP2	1.247	0.844	0.102	12.232	***	0.712				
	ACP3	0.885	0.668	0.074	11.994	***	0.446				
激励性	MOT1	1.000	0.891				0.794	0.760	0.000	0.915	0.783
	MOT2	0.954	0.881	0.039	24.607	***	0.776				
	MOT3	0.961	0.882	0.039	24.657	***	0.778				

续表

构面	项目	参数显著性估计					信度和效度检验				
		Unstd.	Std.	S.E.	t-value	P	SMC	KMO	Bartlett	CR	AVE
环境感知	ENV1	1.000	0.870				0.757				
	ENV2	0.982	0.814	0.049	19.929	***	0.663	0.745	0.000	0.891	0.731
	ENV3	0.966	0.879	0.045	21.436	***	0.773				

注：Unstd. 即非标准化系数（unstandardized coefficient），Std. 即标准化系数（standardized coefficient），S.E. 即估计参数的标准误差（standard error），t-value 即 t 检验统计量值，P 即概率值（probability），KMO 即抽样适合性检验，Bartlett 即巴特利特球形检验，CR 即组合信度（composite reliability），AVE 即平均方差提取值（average variance extracted）

***表示在 1% 的水平上显著

①信度检验方面，本章采用较为广泛的量表内部一致性系数（Cronbach's α）作为信度检验的标准。一般来说，当 Cronbach's α<0.35 时，该量表信度较低；当 0.35≤Cronbach's α<0.70 时，该量表属于中等信度；当 Cronbach's α≥0.70 时，该量表具有高信度。本章所设计的量表总体信度为 0.964，各变量的 Cronbach's α 都大于 0.8，且删去任何一个题项，各变量及总体的 Cronbach's α 并没有显著提高，说明整个量表达到较高信度，符合模型运算要求。②效度检验方面，依据 Raine（2000）的标准，通过验证性因子分析对该量表进行检验，所有观测变量的标准化载荷都大于 0.5，说明各观测变量对于相应潜变量解释良好；各潜变量的 CR 基本都在 0.8 以上，远大于标准值 0.6，说明测量模型具有较高的内部一致性；AVE 皆大于 0.5，说明所有潜变量的聚合效度均非常理想；在区分效度上，各潜变量的 AVE 开根号值皆大于其与其他潜变量的相关系数（Hair et al.，1998），分析结果表明收入预期、环境感知、培育政策绩效满意度等各潜变量间具有良好的区分性，均满足分析要求（表 3-2）。可见，在借鉴国内外学者研究成果的基础上经专家讨论产生的结果具有良好的内容效度和表面效度。

3.3 新型职业农民培育政策绩效评价特点

3.3.1 结构方程模型拟合效果良好

由于中介变量会随着解释变量的变化而系统性地影响截距项，传统多变量线性回归模型并不能很好地解释中介效应，因而现有文献在验证中介效应时较多采用结构方程模型的方式。参照温忠麟和叶宝娟（2014）、Bagozzi 和 Yi（1988）的相关研究，从整体模型拟合度和模型内在结构适配度等方面，对新型职业农民培育政策绩效满意度决策行为模型进行拟合,以评定整体模型与数据的匹配程度及模型内估计参数的显著情况。相应检验结果如表 3-3 所示。

表 3-3 结构方程模型拟合指数

项目	绝对拟合指数				增量拟合指数			精简拟合指数			
	χ^2/DF	RMSEA	SRMR	GFI	AGFI	NFI	CFI	IFI	PGFI	PNFI	PCFI
参考	1~3	<0.08	<0.08	>0.9	>0.9	>0.9	>0.9	>0.9	>0.5	>0.5	>0.5
实际	2.592	0.08	0.056	0.882	0.837	0.944	0.958	0.958	0.636	0.771	0.783

注:χ^2/DF 即卡方与自由度比(χ^2/degree of freedom),RMSEA 即近似误差均方根(root-mean-square error of approximation),SRMR 即标准化残差均方根(standardized residual mean root),GFI 即拟合优度指数(goodness-of-fit index),AGFI 即调整的拟合优度指数(adjusted goodness-of-fit index),NFI 即规范拟合指数(normed fit index),CFI 即比较拟合指数(comparative fit index),IFI 即增值拟合指数(incremental fit index),PGFI 即精简拟合优度指数(parsimony goodness-of-fit index),PNFI 即精简规范拟合指数(parsimony normed fit index),PCFI 即精简比较拟合指数(parsimony comparative fit index)

由表 3-3 可知,结构方程模型主要拟合指标如 χ^2/DF 值为 2.592,RMSEA 为 0.08,CFI 为 0.958,均接近理想值,SRMR 为 0.056,小于 0.08。模型多数拟合度指标拟合结果均符合结构方程模型研究标准,尽管 GFI 和 AGFI 未达到 0.9 以上的标准,但仍符合 Baumgartner 和 Homburg (1996) 所建议的 0.8 以上的标准,模型整体拟合效果良好,而早期被普遍采用的逐步法被证明存在一定缺陷(Zhao et al., 2010),受到学术界较多的批评和质疑。由于自助法(Bootstrap)具有降低样本数据非正态分布对中介效应检验的影响和提升分析结果可靠性的优点,它已成为检验中介效应显著性的理想方法(温忠麟和叶宝娟,2014)。

3.3.2 新型职业农民收入预期对新型职业农民培育政策绩效满意度的效应显著

依据行为经济学"前景理论",本章将环境感知设为新型职业农民收入预期对培育政策绩效满意度影响的中介变量,并将自助法样本集设置为 10 000,置信水平设置为 95%。该方法提供了误差修正和百分位两种估计方式(Edwards and Lambert,2007)来估计潜变量之间传导间接效应的标准误及置信区间,如果置信区间不包含 0,则说明中介效应显著(Fritz and MacKinnon,2007)。

从图 3-2 可以看出,收入预期→环境感知的非标准化路径系数为 1.07,环境感知→培育政策绩效满意度的非标准化路径系数为 0.10,收入预期→培育政策绩效满意度的非标准化路径系数为 1.53。在 5%的置信水平下,结构方程模型的非标准化和标准化路径系数均通过显著性检验。从点估计法的 Z 值(Z 值=点估计值/标准误)来看,培育政策支持性、接受性、激励性所反映的收入预期对培育政策绩效满意度直接路径响应系数的 Z 值大于 1.96，即在 5%的显著性水平下直接效应显著。培育政策支持性、接受性、激励性所反映的收入预期对培育政策绩效满意度间接路径响应系数的 Z 值为 12.447，显著大于 1.96，即在 5%的显著性水平下间接效应显著。收入预期对培育政策绩效满意度直接影响效应为 1.531，间接影响效应为 0.110。这意味着收入预期对培育政策绩效满意度直接影响效应大于间接影响效应，环境感知发挥着部分中介效应的作用。总效应为 0.1641，表明新型职业农民收入预期对培育政策绩效满意度具有显著正向影响。从置信区间来看，收入预期对培育政策绩效满意度影响的两个置信区间都不包含 0，因而有充分理由相信收入预期对培育政策绩效满意度的间接效应、直接效应和总效应是显著的。这意味着 H1 环境感知对新型职业农民收入预期和培育政策绩效满意度之间的关系起部分中介作用得到验证。收入预期对培育政策绩效满意度具有显著的正向影响效应，并且新型职业农民的环境感知将显著影响收入预期到培育政策绩效满意度的传递，起到中介桥梁作用。

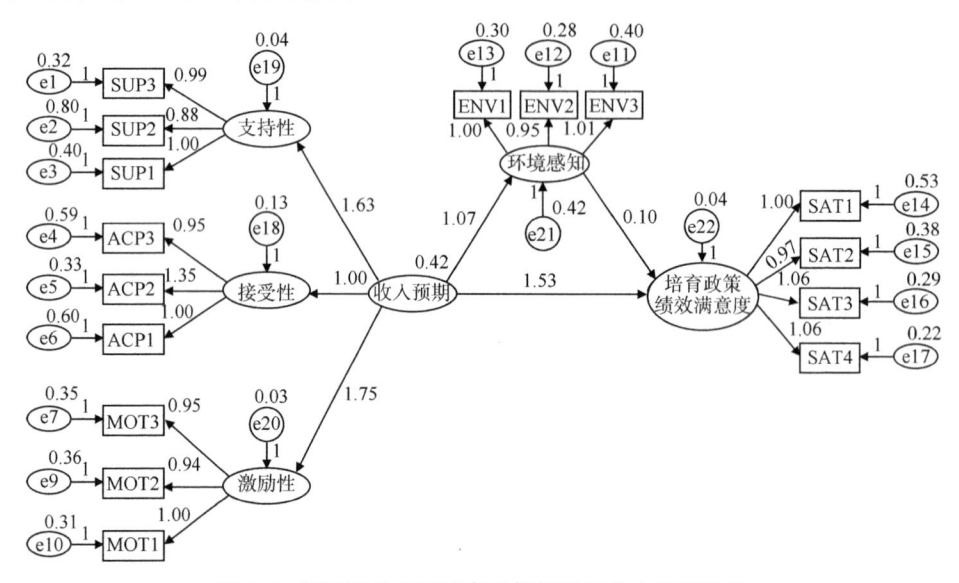

图 3-2　新型职业农民培育政策绩效评估全模型路径

3.3.3　不同群组模型传导机制与影响路径具有异质性

为考察不同群组差异的调节性中介效应，本章将样本按年龄、性别、教育程度、收入水平分别划分为年轻者和年长者，男性和女性，低学历和高学历，低收入、中收入和高收入等四个不同群组。

从表 3-4 可以看出，年龄群组、性别群组、学历群组和收入群组等不同群组模型传导机制与影响路径的异质性。

表 3-4 新型职业农民培育政策绩效满意度中介效应路径系数检验

潜变量因果关系			非标准化路径系数	标准化路径系数	标准误差	临界比	P
回归权重：（年轻者）							
环境感知	←	收入预期	0.908	0.650	0.105	8.656	***
培育政策绩效满意度	←	环境感知	0.134	0.123	0.040	3.382	***
培育政策绩效满意度	←	收入预期	1.385	0.905	0.132	10.522	***
回归权重：（年长者）							
环境感知	←	收入预期	1.305	0.827	0.175	7.471	***
培育政策绩效满意度	←	环境感知	0.012	0.010	0.079	0.152	0.879
培育政策绩效满意度	←	收入预期	1.833	0.972	0.179	10.240	***
回归权重：（男性）							
环境感知	←	收入预期	1.039	0.701	0.110	9.423	***
培育政策绩效满意度	←	环境感知	0.098	0.085	0.042	2.346	0.019
培育政策绩效满意度	←	收入预期	1.577	0.925	0.146	10.799	***
回归权重：（女性）							
环境感知	←	收入预期	1.234	0.813	0.172	7.17	***
培育政策绩效满意度	←	环境感知	0.131	0.139	0.074	1.767	0.077
培育政策绩效满意度	←	收入预期	1.228	0.854	0.188	6.518	***
回归权重：（低学历）							
环境感知	←	收入预期	1.171	0.724	0.166	7.055	***
培育政策绩效满意度	←	环境感知	0.108	0.093	0.059	1.834	0.067
培育政策绩效满意度	←	收入预期	1.724	0.918	0.221	7.818	***
回归权重：（高学历）							
环境感知	←	收入预期	0.996	0.717	0.109	9.152	***
培育政策绩效满意度	←	环境感知	0.113	0.102	0.043	2.605	0.009
培育政策绩效满意度	←	收入预期	1.404	0.910	0.135	10.430	***
回归权重：（低收入）							
环境感知	←	收入预期	0.942	0.735	0.141	6.686	***
培育政策绩效满意度	←	环境感知	0.149	0.113	0.066	2.245	0.025
培育政策绩效满意度	←	收入预期	1.525	0.904	0.194	7.843	***
回归权重：（中收入）							
环境感知	←	收入预期	1.207	0.758	0.153	7.866	***
培育政策绩效满意度	←	环境感知	−0.006	−0.006	0.058	−0.104	0.917
培育政策绩效满意度	←	收入预期	1.700	0.993	0.204	8.353	***
回归权重：（高收入）							
环境感知	←	收入预期	1.049	0.690	0.192	5.455	***
培育政策绩效满意度	←	环境感知	0.259	0.245	0.072	3.581	***
培育政策绩效满意度	←	收入预期	1.275	0.794	0.211	6.040	***

***表示在 1% 的水平上显著

（1）年龄群组方面，年轻者群组收入预期对环境感知的非标准化路径系数为 0.908，环境感知对培育政策绩效满意度的非标准化路径系数为 0.134，收入预期对培育政策绩效满意度的非标准化路径系数为 1.385，以上结果都通过了显著性检验，表明新型职业农民环境感知对路径"收入预期→培育政策绩效满意度"起部分中介效应。年长者群组收入预期对环境感知的非标准化路径系数为 1.305，环境感知对培育政策绩效满意度的非标准化路径系数为 0.012，在5%的显著性水平下未通过显著性检验，表明年长者群组对外部环境变化并不敏感，路径效果仍然取决于培育政策所带来的直接效应影响。收入预期对培育政策绩效满意度的非标准化路径系数为 1.833，该影响效应显著高于年轻者。因此，H2得到部分支持。

（2）性别群组方面，男性群组收入预期对环境感知的非标准化路径系数为 1.039，环境感知对培育政策绩效满意度的非标准化路径系数为 0.098，收入预期对培育政策绩效满意度的非标准化路径系数为 1.577，以上结果都通过显著性检验。女性群组收入预期对环境感知的非标准化路径系数为 1.234，环境感知对培育政策绩效满意度的非标准化路径系数为 0.131，在 10%的显著性水平下通过显著性检验。表明新型职业农民环境感知对路径"收入预期→培育政策绩效满意度"起部分中介效应。女性群组收入预期对培育政策绩效满意度的非标准化路径系数为 1.228，该影响效应显著低于男性。

（3）学历群组方面，低学历群组收入预期对环境感知的非标准化路径系数为 1.171，环境感知对培育政策绩效满意度的非标准化路径系数为 0.108，该路径系数的显著性 P 值为 0.067，在10%的显著性水平下通过检验。低学历群组收入预期对培育政策绩效满意度的非标准化路径系数为 1.724。高学历群组收入预期对环境感知的非标准化路径系数为 0.996，环境感知对培育政策绩效满意度的非标准化路径系数为 0.113，收入预期对培育政策绩效满意度的非标准化路径系数为 1.404，该路径系数小于低学历。由此可见，新型职业农民环境感知对路径"收入预期→培育政策绩效满意度"存在部分中介效应，低学历与高学历的路径系数仍存在显著差别。由此表明，H3得到验证。

（4）收入群组方面，低收入群组收入预期对环境感知的非标准化路径系数为 0.942，环境感知对培育政策绩效满意度的非标准化路径系数为 0.149，收入预期对培育政策绩效满意度的非标准化路径系数为 1.525。低收入群组环境感知对路径"收入预期→培育政策绩效满意度"起部分中介效应。中收入群组收入预期对环境感知的非标准化路径系数为 1.207，环境感知对培育政策绩效满意度的非标准化路径系数为–0.006，中等收入群体这一路径系数呈微弱负向影响。收入预期对培育政策绩效满意度的非标准化路径系数为 1.700。高收入群组收入预期对环境感知的非标准化路径系数为 1.049，环境感知对培育政策绩效满意度的非标准化路径系数为 0.259，收入预期对培育政策绩效满意度的非标准化路径系数为 1.275。低收入群组和高收入群组在 5% 的显著水平下都通过显著性检验，高收入群组的收入预期到培育政策绩效满意度非标准化路径系数小于低收入群组，高收入群组环境感知对路径"收入预期→培育政策绩效满意度"起部分中介效应。因此，H4 得到部分验证。

如果不同群组样本的中介效果有显著差异，则表示基于这些不同群组差异的调节性中介效应显著，否则不显著。两种不同模型的系数比较可用标准化系数及非标准化系数比较，而非标准化系数检验较符合统计含义（Duncan，1975）。因此，本章采取非标准化系数检验，根据 Duncan（1975）、Altman（2003）提供的公式：

$$Z = d/\text{SE}(d) \tag{3-1}$$

式中，$d = E_1 - E_2$；

$$\text{SE}(d) = \sqrt{\text{SE}(E_1)^2 + \text{SE}(E_2)^2} \tag{3-2}$$

$\text{SE}(E_1)$ 和 $\text{SE}(E_2)$ 分别为非标准化系数的标准误。根据各变量间具体影响效果，整理得到不同群组中介效应异质性比较情况。

由表 3-5 可以看出，从点估计法的 Z 值看，路径系数的 Z 值大于 1.96，即在 5% 的显著性水平下，间接效应显著。从置信区间看，只有两个置信区间都包含 0。验证调节性中介效应（moderated mediator）的显著性，即"新型职业农民收入预期→环境感知→培育政策绩效满意度"的调节效应。Z 值的绝对值大于 1.96，则表示两个非标准化系数有显著差异，反之则没有显著差异。由 Bootstrap 中介效应检验的结果可以看出，存在部分中介效应的群组分别是年轻者（0.122）、男性（0.102）、高学历（0.113）、低收入（0.140）和高收入（0.272）。与之相对应地，年长者（0.016）、女性（0.162）、低学历（0.126）、中收入（−0.007）等均未通过偏差校正的百分比误差修正和百分位的置信区间检验。基于此，本章暂不对间接影响的调节性中介效应进行异质性 Z 检验。

表 3-5　新型职业农民培育政策绩效中介效应群组异质性比较

群组比较		点估计值	Bias-Corrected				Percentile			异质性检验 Z 值
			S.E.	Lower	Upper	P	Lower	Upper	P	
间接效应	年轻者	0.122	0.048	0.037	0.228	0.006	0.033	0.223	0.007	
	年长者	0.016	0.166	−0.367	0.299	0.940	−0.352	0.306	0.900	
直接效应	年轻者	1.385	0.134	1.160	1.689	0.000	1.157	1.686	0.000	2.014**
	年长者	1.833	0.182	1.367	2.491	0.000	1.385	2.524	0.000	

续表

群组比较		点估计值	Bias-Corrected				Percentile			异质性检验 Z 值
			S.E.	Lower	Upper	P	Lower	Upper	P	
总效应	年轻者	1.507	0.130	1.293	1.805	0.000	1.290	1.797	0.000	
	年长者	1.848	0.229	1.502	2.387	0.000	1.512	2.413	0.000	
间接效应	男性	0.102	0.058	−0.009	0.218	0.075	−0.011	0.218	0.077	
	女性	0.162	0.160	−0.113	0.520	0.219	−0.112	0.524	0.214	
直接效应	男性	1.577	0.148	1.316	1.889	0.000	1.332	1.913	0.000	1.466*
	女性	1.228	0.245	0.833	1.824	0.000	0.813	1.782	0.000	
总效应	男性	1.679	0.138	1.441	1.976	0.000	1.452	1.997	0.000	
	女性	1.389	0.208	1.079	1.881	0.000	1.079	1.883	0.000	
间接效应	低学历	0.126	0.107	−0.089	0.339	0.215	−0.090	0.338	0.219	
	高学历	0.113	0.052	0.018	0.223	0.020	0.015	0.220	0.024	
直接效应	低学历	1.724	0.242	1.325	2.275	0.000	1.330	2.286	0.000	1.236
	高学历	1.404	0.140	1.173	1.727	0.000	1.173	1.726	0.000	
总效应	低学历	1.850	0.221	1.501	2.364	0.000	1.503	2.371	0.000	
	高学历	1.516	0.133	1.303	1.832	0.000	1.301	1.827	0.000	
间接效应	低收入	0.140	0.077	0.021	0.340	0.027	−0.003	0.308	0.054	
	中收入	−0.007	0.103	−0.247	0.169	0.870	−0.222	0.189	0.983	
	高收入	0.272	0.147	0.054	0.678	0.012	0.022	0.597	0.027	
直接效应	低收入	1.525	0.206	1.188	1.965	0.000	1.207	2.009	0.000	
	中收入	1.700	0.225	1.334	2.216	0.000	1.335	2.220	0.000	1.448**
	高收入	1.275	0.284	0.797	1.909	0.000	0.813	1.939	0.000	
总效应	低收入	1.665	0.204	1.345	2.131	0.000	1.355	2.149	0.000	
	中收入	1.693	0.197	1.383	2.151	0.000	1.386	2.159	0.000	
	高收入	1.547	0.247	1.208	2.209	0.000	1.191	2.152	0.000	

注：S.E.即估计参数的标准误差（standard error），Bias-Corrected 即矫正偏差，Percentile 即百分位数，Lower 即区间下限，Upper 即区间上限

*、**分别表示在 10%、5%的水平上显著

由表 3-5 可以看出，四个不同群组直接影响的调节性中介效应均通过 Bootstrap 的矫正偏差和百分位数的置信区间检验，因而对具有直接影响的调节性中介效应进行异质性 Z 检验。由检验结果可以看出，年龄群组中，年轻者和年长者收入预期对培育政策绩效满意度的直接效应分别为 1.385 和 1.833，异质性检验 Z 值为 2.014，这表明两个组别在 5%的显著性水平下直接效应存在显著差异性，

表明 H2 得到进一步验证。性别群组中,男性和女性收入预期对培育政策绩效满意度的直接效应分别为 1.577 和 1.228,异质性检验 Z 值为 1.466,说明两个组别仅在 10%的显著性水平下直接效应存在显著差异。学历群组中,低学历和高学历所表现出来的直接效应分别为 1.724 和 1.404,异质性检验 Z 值为 1.236,表明低学历直接效应高于高学历直接效应,但两者之间并未呈现出显著差异性。因此,H3 得到验证。收入群组中,中收入和高收入所表现出来的直接效应分别为 1.700 和 1.275,异质性检验 Z 值为 1.448,表明中收入直接效应高于高收入直接效应,两个组别仅在 5%的显著性水平下直接效应存在显著差异,由此表明 H4 得到部分验证。

3.4 完善新型职业农民培育政策绩效评价体系

本章以行为经济学"前景理论"为基础,从新型职业农民对培育政策绩效满意度视角出发,打开了新型职业农民收入预期到培育政策绩效满意度的黑箱,探讨了收入预期、环境感知与培育政策绩效满意度的关系,建立了变量间的传导机制与影响路径,对影响培育政策绩效满意度的路径、方向及程度进行动态跟踪与评价监测,评价了不同群组各变量间直接效应、间接效应及总效应的异质性问题。结果表明,环境感知在新型职业农民对培育政策收入预期与培育政策绩效满意度的关系中起部分中介作用,在此过程中,新型职业农民的年龄、教育程度、收入水平等因素呈现显著的异质性影响特征。根据培育政策绩效评价结果,针对培育政策实施过程中的薄弱环节,提出改进提升的基本思路和对策建议,为科学构建新型职业农民培育政策体系提供决策依据。

3.4.1 创新以新型职业农民培育政策需求为导向的精准培育政策模式

以新型职业农民培育政策需求为导向,提高新型职业农民培育政策的精准性和高效性,做到培训实践性、信息即时性、内容针对性协调统一,着力开展现场教学,将互联网、大数据、云计算、区块链等技术赋能农业产业精准培训,提高新型职业农民获取新知识、新技能、新模式的能力,应用服务于农业生产实际,推动乡村产业融合发展。

3.4.2 建立以新型职业农民培育政策绩效满意度为导向的培育政策绩效评价机制

相关培育扶持政策应切实建立在新型职业农民培育政策需求之上,让新型职业农民产生持续增收的预期,重视培育政策对新型职业农民增收的推动作用,新型职业农民增产增收效果提升显著,新型职业农民对培育政策绩效满意度就高。同时保证新型职业农民在培育政策制定,培育工程项目规划、实施、监测和评价各环节中的参与度,注重建立新型职业农民培育政策需求与满意度信息反馈机制,努力提升新型职业农民培育质量和水平。

3.4.3 重视培育环境对新型职业农民培育政策实施的影响效应

在"放管服"改革背景下,优化政策扶持环境,是保证新型职业农民培育质量提升的关键。探索远程和移动互联模式,提升公共服务水平,增强培育政策绩效评价效力。

本 章 附 录

中国新型职业农民培育政策评价调查问卷

新型职业农民朋友:

自 2012 年国家首次提出大力培育新型职业农民以来,我国已为新型职业农民培育制定了一些政策,为检验新型职业农民培育政策实施效果,辛苦您参与此次问卷调查,对现有新型职业农民培育政策做出客观评价,请对每个问题点击您认为最佳的选项(每个问题只能点击 1 个选项,多点击选项无效),您的选项会直接影响新型职业农民培育政策的研制,特别谢谢您!

中国新型职业农民培育政策评价调查组

一、新型职业农民个体特征(单选题,只需用√选出一个答案,多选无效)
  1. 性别:A 男　B 女
  2. 年龄:A 30 岁以下　B 30～45 岁　C 45 岁及以上
  3. 文化程度:A 小学　B 初中　C 高中及中专　D 大专以上
  4. 是否为村干部:A 是　B 否

二、新型职业农民家庭特征(单选题,只需用√选出一个答案,多选无效)
  1. 家庭人口数:A 1 人　B 2 人　C 3 人　D 4 人　E 5 人及以上
  2. 家庭外出务工人数:A 1 人　B 2 人　C 3 人　D 4 人　E 5 人及以上
  3. 家庭人均年收入:A 2 万元及以下　B 2 万～4 万元　C 4 万～6 万元
    D 6 万～8 万元　E 8 万元以上

4. 家庭农业收入占比：A 20%及以下　B 20%~40%　C 40%~60%
   D 60%~80%　E 80%以上

三、新型职业农民培育政策支持特征（单选题，只需用√选出一个答案，多选无效）

1. 政府对扶持政策的宣传方式：A 很差　B 较差　C 一般　D 较好　E 很好
2. 扶持政策支持力度：A 很小　B 较小　C 一般　D 较大　E 非常大

四、新型职业农民培育外部环境特征（单选题，只需用√选出一个答案，多选无效）

1. 农业规模化水平：A 很差　B 较差　C 一般　D 较好　E 很好
2. 农业科技化水平：A 很低　B 较低　C 一般　D 较高　E 非常高
3. 农业基础设施水平：A 很差　B 较差　C 一般　D 较好　E 很好

五、新型职业农民培育政策绩效满意度评价（单选题，只需用√选出一个答案，多选无效）

1. 对产业扶持政策：A 很不满意　B 不太满意　C 一般　D 较满意　E 很满意
2. 对科技扶持政策：A 很不满意　B 不太满意　C 一般　D 较满意　E 很满意
3. 对金融支持政策：A 很不满意　B 不太满意　C 一般　D 较满意　E 很满意
4. 对财政支持政策：A 很不满意　B 不太满意　C 一般　D 较满意　E 很满意
5. 对创业补贴政策：A 很不满意　B 不太满意　C 一般　D 较满意　E 很满意
6. 对社会保险补贴政策：A 很不满意　B 不太满意　C 一般　D 较满意　E 很满意
7. 对农业保险补贴政策：A 很不满意　B 不太满意　C 一般　D 较满意　E 很满意
8. 对农业生产补贴政策：A 很不满意　B 不太满意　C 一般　D 较满意　E 很满意
9. 对土地流转补贴政策：A 很不满意　B 不太满意　C 一般　D 较满意　E 很满意
10. 对规模种植补贴政策：A 很不满意　B 不太满意　C 一般　D 较满意　E 很满意
11. 对农业技术推广服务政策：A 很不满意　B 不太满意　C 一般　D 较满意

E 很满意
12. 对免费教育培训政策：A 很不满意　B 不太满意　C 一般　D 较满意　E 很满意
13. 对税收减免优惠政策：A 很不满意　B 不太满意　C 一般　D 较满意　E 很满意
14. 对农用地管理政策：A 很不满意　B 不太满意　C 一般　D 较满意　E 很满意
15. 对用水价格政策：A 很不满意　B 不太满意　C 一般　D 较满意　E 很满意

第4章 新型职业农民培育政策落实及需求分析

自2012年中央一号文件首次提出要大力发展新型职业农民以来，连续8个中央一号文件强调培育新型职业农民的重要性。有些学者明确指出，我国新型职业农民培育政策仍处于优化和完善阶段。例如，杨成明和张棉好（2014）指出，在新型职业农民生成主体、培育途径及培育环境等多重视阈下，新型职业农民培育面临农民群体综合素质之限、培育理念之滞、生成主体认知偏差以及农业补贴、农业保险和土地制度不完善等多重困境，可以通过优化新型职业农民培育途径、营造新型职业农民良好培育环境等方式破解新型职业农民培育困境，实现我国新型职业农民的培育。一些发达国家已经有较成熟的新型职业农民培育政策体系，如美国1862年的《莫里尔赠地法》确立了由联邦政府扶持农业部与赠地大学合作建立农业推广站的培育体系。从现有文献看，学者尚未从定量层面实证分析我国新型职业农民培育政策落实及需求情况。因此，我国新型职业农民培育政策落实及需求问题亟待研究，这对推动我国新型职业农民发展和乡村人才振兴具有十分重要的现实意义和长远意义。

4.1 新型职业农民培育政策落实情况概述

本章以湖南、湖北、四川、云南、海南、广东、北京、浙江和吉林等地的新型职业农民为调查对象，对新型职业农民培育政策落实及需求情况进行调查，共发放调查问卷342份，收回342份，问卷有效率为100%。

如表4-1所示，在342名新型职业农民中，男性居多、年龄集中在41~50岁、初高中文化程度居多，这些群体分别占88.0%、47.9%、74.6%，这说明发展农村产业的务农劳动力仍然是以男性、中青年、中等文化程度为主的新型职业农民。

表 4-1 新型职业农民个体情况

变量类别	变量特征	频数/名	百分比
性别	男	301	88.0%
	女	41	12.0%
年龄	35 岁及以下	44	12.9%
	36～40 岁	65	19.0%
	41～45 岁	86	25.1%
	46～50 岁	78	22.8%
	51～54 岁	52	15.2%
	55 岁及以上	17	5.0%
文化程度	小学	9	2.6%
	初中	121	35.4%
	高中（含中专）	134	39.2%
	大专及以上	78	22.8%

资料来源：根据调查问卷统计整理

如表 4-2 所示，新型职业农民类型以生产经营型居多，占 62.9%，其次是引领带动型，占 19.0%，而专业技能型和社会服务型均在 9.0%左右，这说明新型职业农民在类型上主要倾向于生产经营型。在农村产业大类上，以种植类居多，占 45.6%，三产融合类次之，占 24.0%，养殖类居第三，占 21.1%，而加工类和服务类均在 8.0%以下，这说明新型职业农民在农村产业大类上主要倾向于种植类。

表 4-2 新型职业农民从事农业生产经营情况

变量类别	变量特征	频数/名	百分比
新型职业农民类型	生产经营型	215	62.9%
	专业技能型	32	9.4%
	社会服务型	30	8.8%
	引领带动型	65	19.0%
农村产业大类	种植类	156	45.6%
	养殖类	72	21.1%
	加工类	7	2.0%
	服务类	25	7.3%
	三产融合类	82	24.0%

资料来源：根据调查问卷统计整理

注：因四舍五入，百分比合计可能不等于 100%

如表 4-3 所示，税收减免优惠政策、农村土地承包经营权流转政策落实得较好，均在 65%左右，分别为 68.1%、63.7%，小额贷款政策落实得中等，占 51.2%，农业生产设施和附属设施用地政策、水电路优惠政策、保险政策、种植或养殖补贴政策、基础设施投入政策、社会化服务扶持政策落实得一般，均在 45%左右，创业扶持资金政策落实得最差，占 38.0%，这说明政府关注度和重视度较高的是税收减免和农村土地承包经营权流转问题，而对创业扶持资金的关注度和重视度最低。

表 4-3 新型职业农民培育政策落实情况

变量类别	变量特征	频数/名	百分比
税收减免优惠政策	是	233	68.1%
	否	109	31.9%
农业生产设施和附属设施用地政策	是	150	43.9%
	否	192	56.1%
水电路优惠政策	是	143	41.8%
	否	199	58.2%
小额贷款政策	是	175	51.2%
	否	167	48.8%
创业扶持资金政策	是	130	38.0%
	否	212	62.0%
保险政策	是	145	42.4%
	否	197	57.6%
种植或养殖补贴政策	是	168	49.1%
	否	174	50.9%
农村土地承包经营权流转政策	是	218	63.7%
	否	124	36.3%
基础设施投入政策	是	145	42.4%
	否	197	57.6%
社会化服务扶持政策	是	159	46.5%
	否	183	53.5%

资料来源：根据调查问卷统计整理

4.2 影响新型职业农民培育政策落实满意度的因素分析

本章所分析的是新型职业农民对培育政策落实的满意度，是对性别、文化程度、水电路优惠政策、保险政策、农村土地承包经营权流转政策、基础设施投入政策、社会化服务扶持政策等因素对满意度的影响是否显著和影响力度大小进行实证分析，新型职业农民对培育政策落实的满意度最终结果在逻辑学上为矛盾关系，只有"满意"与"不满意"两个端点，每一个新型职业农民会在理性的基础上做出最佳选择，是一个[0, 1]二分变量，即一个二元决策问题，并采用最大似然估计法对其回归系数进行估计。因此，本章利用SPSS24.0统计软件构建一个二元有序Logistic回归模型，将因变量的取值限制在[0, 1]范围内。

Logistic回归模型的基本形式如下：

$$p_i = F\left(\alpha + \sum_{j=1}^{m}\beta_j X_j\right) = 1 / \left\{1 + \text{gxp}\left[-\left(\alpha + \sum_{j=1}^{m}\beta_j X_j\right)\right]\right\} \quad (4\text{-}1)$$

对式（4-1）取对数，得到Logistic回归模型的线性表达式为

$$\ln p_i/(1-p_i) = \beta_0 + \beta_1 X_{1i} + \beta_2 X_{2i} + \cdots + \beta_j X_{ji} + \beta_m X_{mj} + \varepsilon \quad (4\text{-}2)$$

式（4-1）和式（4-2）中，p_i表示事件发生的概率，指新型职业农民对培育政策落实的满意度，即"满意=1"发生的概率；X_j（j=1, 2, 3,$\cdots$, m）表示上述因素中的第j个自变量，m表示自变量的个数；β_0表示常数；β_j（j=1, 2, 3,$\cdots$, m）表示自变量的回归系数，能够通过最大似然估计法得到；ε表示随机误差。β_j为正时，表示第j个因素对新型职业农民对培育政策落实的满意度有正向影响；β_j为负时，则表示第j个因素对新型职业农民对培育政策落实的满意度有负向影响。

本章选取新型职业农民是否对培育政策落实情况满意作为被解释变量。根据研究目的，仅选取意愿明确的样本作为研究对象，以新型职业农民是否满意培育政策落实情况为因变量（y），取值为0或1（满意，定义y=1；不满意，定义y=0）。解释变量主要选择新型职业农民个体情况（X_i）、新型职业农民培育政策落实情况（X_p）、新型职业农民从事农业生产经营情况（X_a）。通常认为，描述性统计分析是统计分析的第一步，做好这一步是进行正确统计推断的先决条件。本章对样本变量进行了平均值和标准差等计算以及对样本变量的预期方向进行了估测。

如表4-4所示，性别、文化程度、税收减免优惠政策、小额贷款政策、创业扶持资金政策、保险政策、农村土地承包经营权流转政策、基础设施投入政策等变量对新型职业农民满意培育政策落实情况有正向效应，而农业生产设施和附属设施用地政策、水电路优惠政策、种植或养殖补贴政策、社会化服务扶持政策、新型职业农民类型、农村产业大类等变量对新型职业农民满意培育政策落实情况有负向效应，只有年龄变量对新型职业农民满意培育政策落实情况有正向或负向效应。

表4-4 变量及描述性统计分析（N=342）

变量类型	变量名称	赋值及含义	平均值	标准差	预期方向
新型职业农民个体情况（X_i）	性别	男=1，女=2	1.12	0.325	+
	年龄	35岁及以下=1，36~40岁=2，41~45岁=3，46~50岁=4，51~54岁=5，55岁及以上=6	3.23	1.393	+或-
	文化程度	小学=1，初中=2，高中（含中专）=3，大专及以上=4	2.82	0.811	+
新型职业农民培育政策落实情况（X_p）	税收减免优惠政策	是=1，否=2	1.32	0.467	+
	农业生产设施和附属设施用地政策	是=1，否=2	1.56	0.497	-
	水电路优惠政策	是=1，否=2	1.58	0.494	-
	小额贷款政策	是=1，否=2	1.49	0.501	+
	创业扶持资金政策	是=1，否=2	1.62	0.486	+
	保险政策	是=1，否=2	1.58	0.495	+
	种植或养殖补贴政策	是=1，否=2	1.51	0.501	-
	农村土地承包经营权流转政策	是=1，否=2	1.36	0.481	+
	基础设施投入政策	是=1，否=2	1.58	0.495	+
	社会化服务扶持政策	是=1，否=2	1.54	0.499	-
新型职业农民从事农业生产经营情况（X_a）	新型职业农民类型	生产经营型=1，专业技能型=2，社会服务型=3，引领带动型=4	1.84	1.206	-
	农村产业大类	种植类=1，养殖类=2，加工类=3，服务类=4，三产融合类=5	2.43	1.658	-

从表4-5的模型估计结果看，模型的卡方值是121.81，所对应的概率是0.000，Cox & Snell R^2 和 Nagelkerke R^2 分别是0.300和0.405，对数似然值为377.873，这说明模型的整体拟合效果较好，可以通过回归结果来分析和判断自变量作用的方向和大小。

表 4-5　新型职业农民对培育政策落实满意度影响因素的模型估计结果

变量类型	变量名称	估计系数	瓦尔德
新型职业农民个体情况（X_i）	性别	0.192*	0.187
	年龄	−0.151	2.090
	文化程度	0.564*	9.168
新型职业农民从事农业生产经营情况（X_a）	新型职业农民类型	−0.045	0.146
	农村产业大类	−0.027	0.101
新型职业农民培育政策落实情况（X_p）	税收减免优惠政策	−0.091	0.084
	农业生产设施和附属设施用地政策	−0.133	0.161
	水电路优惠政策	0.249*	0.523
	小额贷款政策	−0.271	0.580
	创业扶持资金政策	−0.067	0.025
	保险政策	0.619*	3.705
	种植或养殖补贴政策	−0.307	0.784
	农村土地承包经营权流转政策	1.336*	18.118
	基础设施投入政策	0.310*	0.693
	社会化服务扶持政策	1.712*	19.339

*表示在10%的水平上显著

由表4-5可见，大多数变量的作用和方向与预期一致，性别、文化程度、水电路优惠政策、保险政策、农村土地承包经营权流转政策、基础设施投入政策、社会化服务扶持政策等变量对新型职业农民有关培育政策落实的满意度的正向影响显著，而年龄、新型职业农民类型、农村产业大类、税收减免优惠政策、农业生产设施和附属设施用地政策、小额贷款政策、创业扶持资金政策等变量对新型职业农民有关培育政策落实的满意度的负向影响显著。从二元有序Logistic回归模型估计结果看，文化程度是影响新型职业农民对培育政策落实满意度的一个重要因素，文化程度与新型职业农民对培育政策落实满意情况呈显著正相关，表明文化程度越高，越容易对新型职业农民培育政策落实感到满意，这是因为新型职业农民个体的文化程度越高，所能了解和接受新知识、新技术的能力越强，更容易享受到政策落实所带来的便利和优惠。新型职业农民类型和农村产业大类不是影响新型职业农民对培育政策落实满意度的重要因素，这是因为不同类型的新型职业农民所需要的新型职业农民培育政策不同，有的新型职业农民类型所需要的培育政策还没有很好落实，因而呈现负相关情况。新型职业农民培育政策落实情况中，水电路优惠政策落实情况与新型职业农民满意情况呈正相关，说明水电路优惠政策落实是新型职业农民对培育政策落实满意度的一个重要影响因素，这是因为水电路优惠政策的落实能够为从事农业生产经营活动的新型职业农民带来价格上的优惠，减少农业生产成本；保险政策落实情况与新型职业农民满意情况呈正相关，说明保险政策落实是新型职业农民对培育政策落实满意度的一个重要影响因素，这是因为保险政策落实能够让新型职业农民无后顾之忧，可以更加放心和积极地投入到农业生产活动中去；农村土地承包经营权流转政策与新型职业农民满意情况呈正相关，达到显著水平，说明农村土地承包经营权流转政策是新型职业农民对培育政策落实满意度的一个重要因素，这是因为农村土地承包经营权流转政策是新型职业农民进行农业规模化生产的基础，规模化程度越高，意味着平均成本会降低，给新型职业农民带来的经济效益会增加。

4.3 新型职业农民培育政策需求情况分析

如表4-6所示，在产加销技术上，更需要销售技术和种植技术，分别占36.5%、30.4%，养殖技术需求量次之，占21.9%，加工技术需求量最低，占11.1%，这说明新型职业农民主要缺少销售技术和种植技术，也说明与新型职业农民从事的农村产业大类主要是种植类密切相关；在农业经营管理问题上，生产成本高和市场信息不畅是制约新型职业农民发展的主要因素，分别占59.1%、31.6%。在未来农业新业态选择上，新型职业农民更倾向于选择休闲农业和创意农业，分别占39.2%、17.8%，其次是功能农业和认养农业，均为17.0%，对智慧农业的需求最低，占9.1%，这说明休闲农业和创意农业是当前新型职业农民追求的主要农业新业态，功能农业和认养农业是今后发展的农业新业态，目前新型职业农民需求较低，而智慧农业是一种高端农业，与新型职业农民当前的文化程度不高相关性大，故新型职业农民对智慧农业的需求量最低。在要素配置上，新型职业农民更需要的是资本和土地，分别占51.2%、20.2%，其次是劳动力，占16.4%，最后是企业家才能，占12.3%，这说明新型职业农民当前最紧缺的是资本，其次是土地，这两大农业生产要素亟须得到政府的支持，而劳动力和企业家才能是新型职业农民通过自身努力能够解决的问题，故新型职业农民对劳动力和企业家才能的需要量较低。在农产品的市场对接方式上，新型职业农民更倾向于选择农社对接和发展电商，分别占34.5%、30.4%，这说明现代社会是以社区共同体为基本单元，分为农村社区和城市社区，城乡社区内消费群体诸多，故新型职业农民选择农社对接的最多，农村电商是农产品销售的快捷有效的重要手段，逐渐在农村发展，故发展电商也是新型职业农民选择的重要的农产品市场对接方式，而新型职业农民选择农超对接的比例较少，占26.3%，选择会展推介的更少，仅占8.8%，这说明农超对接是一种传统的农产品市场对接方式，会展推介是一种新型的农产品市场对接方式，两种对接方式对于新型职业农民来说难度较大，因而难以实现农产品销售的有效对接。在教育培训类型上，新型职业农民倾向于选择生产技术类和经营管理类，分别占 41.5%、30.1%，这说明新型职业农民最缺的是生产技术类和经营管理类知识，因为大部分新型职业农民都没有接受过生产技术类和经营管理类学历教育，均是通过自学或受训掌握这两类技术，而政策法规类次之，占 17.5%，从调研中发现新型职业农民对政策法规类知识知之甚少，而部分新型职业农民知晓熟悉政策法规的重要性，社会服务类最少，占 10.8%，说明新型职业农民自身服务能力较强，只有少部分新型职业农民需要社会组织提供农业生产、经营和管理服务。在教育培训方式上，新型职业农民更倾向于不定期技能培训，占 83.0%，而脱产学历教育占 6.7%，工学交替学历教育占 10.2%，这说明新型职业农民考虑到知识的实用性和劳动时间的限制性，需要接受的是边实践边学习的教育培训方式，而很少愿意接受工学交替或脱产学历教育。在人才激励措施上，落实惠农政策能有效激励新型职业农民，占比为 82.7%，新型职业农民对当选劳动模范、代表委员、村干部的积极性均不高，分别占 8.8%、4.7%、3.8%，这说明绝大部分新型职业农民不追求个人名利，而把如何生产经营好农村产业作为重要事业，对农业农村有着深厚的情怀。在社会保障政策上，完善农村养老保险能有效提升新型职业农民从事农业生产的积极性，占比为 55.8%，医疗保险占 22.8%，失业保险占 21.3%，这说明新型职业农民最担心的是年过花甲后无生产能力的农村养老问题，而较少考虑医疗和失业问题，实际上这三大保险都是解除新型职业农民老年时期后顾之忧的政策。在农村产业扶持政策上，发放产业扶持资金和开放金融贴息贷款，能有效推动新型职业农民从事新型农业经营，分别占 37.7%、32.5%，部分新型职业农民希望承担产业项目，占 15.5%，还有部分新型职业农民希望提供产业保险，占 9.4%，给予财税奖励占 5.0%，这说明新型职业农民发展农村产业最缺的是资金，希望政府将"放管服"改革进行到底，提供产业扶持资金和金融贴息贷款支撑，辅之以安排产业项目，提供产业保险，给予财税奖励，助力乡村产业振兴。

表 4-6　新型职业农民培育政策需求情况

变量类别	变量特征	频数/名	百分比
产加销技术	种植技术	104	30.4%
	养殖技术	75	21.9%
	加工技术	38	11.1%
	销售技术	125	36.5%

续表

变量类别	变量特征	频数/名	百分比
农业经营管理问题	生产成本高	202	59.1%
	产能过剩	16	4.7%
	物流成本高	16	4.7%
	市场信息不畅	108	31.6%
农业新业态	休闲农业	134	39.2%
	功能农业	58	17.0%
	认养农业	58	17.0%
	智慧农业	31	9.1%
	创意农业	61	17.8%
要素配置	劳动力	56	16.4%
	土地	69	20.2%
	资本	175	51.2%
	企业家才能	42	12.3%
市场对接方式	农超对接	90	26.3%
	农社对接	118	34.5%
	发展电商	104	30.4%
	会展推介	30	8.8%
教育培训类型	政策法规类	60	17.5%
	经营管理类	103	30.1%
	生产技术类	142	41.5%
	社会服务类	37	10.8%
教育培训方式	脱产学历教育	23	6.7%
	工学交替学历教育	35	10.2%
	不定期技能培训	284	83.0%
人才激励措施	当选村干部	13	3.8%
	当选代表委员	16	4.7%
	当选劳动模范	30	8.8%
	落实惠农政策	283	82.7%
社会保障政策	养老保险	191	55.8%
	医疗保险	78	22.8%
	失业保险	73	21.3%
农村产业扶持政策	承担产业项目	53	15.5%
	提供产业保险	32	9.4%
	发放产业扶持资金	129	37.7%
	给予财税奖励	17	5.0%
	开放金融贴息贷款	111	32.5%

资料来源：根据调查问卷统计整理

注：因四舍五入，百分比合计可能不等于100%

综上所述，政府部门需要着力不定期对新型职业农民加强生产技术和经营管理技能培训，增加资本和土地供给，引导农社对接和电商发展，落实惠农政策，完善农村养老保险，发放产业扶持资金和开放金融贴息贷款。

本 章 附 录

中国新型职业农民培育政策需求调查问卷

亲爱的新型职业农民朋友：

您好！为落实习近平关于"就地培养更多爱农业、懂技术、善经营的新型职业农民"[1]精神，为实施乡村振兴战略提供有力人才支撑，本调查组设计了本调查问卷，请您根据实际情况如实选择，这次调查仅是研究所需，不会对您造成任何影响，只会助您发展产业一臂之力。谢谢您。

中国新型职业农民培育政策需求调查组

一、基本情况（单选题，只需用√选出一个答案，多选无效）

1. 您的性别：A 男　B 女
2. 您的年龄：A 35 岁及以下　B 36～40 岁　C 41～45 岁　D 46～50 岁　E 51～54 岁　F 55 岁及以上
3. 您的文化程度：A 小学　B 初中　C 高中（含中专）　D 大专及以上

二、新型职业农民从事农业生产经营情况（单选题，只需用√选出一个答案，多选无效）

1. 您所属新型职业农民类型：A 生产经营型　B 专业技能型　C 社会服务型　D 引领带动型
2. 您定位的农村产业大类是：A 种植类　B 养殖类　C 加工类　D 服务类　E 三产融合类

三、新型职业农民培育政策落实情况（单选题，只需用√选出一个答案，多选无效）

1. 税务部门是否落实相关税收减免优惠政策？A 是　B 否
2. 自然资源部门是否落实农业生产设施和附属设施用地政策？A 是　B 否
3. 发展改革、交通运输、水利、电力部门是否落实水电路优惠政策？A 是　B 否

---

[1] 《培育新型职业农民　实现乡村全面振兴》，https://m.gmw.cn/baijia/2020-05/06/33804023.html[2020-05-06]。

4. 金融机构是否落实小额贷款政策？A 是　B 否
5. 金融机构是否落实创业扶持资金政策？A 是　B 否
6. 保险机构是否落实服务新型职业农民生产的保险政策？A 是　B 否
7. 农业部门是否落实规模种植或养殖补贴政策？A 是　B 否
8. 农业农村部门是否引导农村土地承包经营权向新型职业农民流转？A 是　B 否
9. 农业农村部门是否落实基础设施投入政策？A 是　B 否
10. 农业农村部门是否落实社会化服务扶持政策？A 是　B 否

四、新型职业农民培育政策需求情况（单选题，只需用√选出一个答案，多选无效）

1. 您最需要的产加销技术是：A 种植技术　B 养殖技术　C 加工技术　D 销售技术
2. 您在农业经营管理上的最大问题是：A 生产成本高　B 产能过剩　C 物流成本高　D 市场信息不畅
3. 您最想发展的农业新业态是：A 休闲农业　B 功能农业　C 认养农业　D 智慧农业　E 创意农业
4. 您从事农业最需要的要素配置是：A 劳动力　B 土地　C 资本　D 企业家才能
5. 您从事农业最需要采取的市场对接方式是：A 农超对接　B 农社对接　C 发展电商　D 会展推介
6. 您最需要政府部门提供哪类教育培训？A 政策法规类　B 经营管理类　C 生产技术类　D 社会服务类
7. 您最需要接受哪类教育培训方式？A 脱产学历教育　B 工学交替学历教育　C 不定期技能培训
8. 您从事农业最需要的人才激励措施是：A 当选村干部　B 当选代表委员　C 当选劳动模范　D 落实优惠政策
9. 您从事农业最需要的社会保障政策是：A 养老保险　B 医疗保险　C 失业保险
10. 您最需要的农村产业扶持政策是：A 承担产业项目　B 提供产业保险　C 发放产业扶持资金　D 给予财税奖励　E 开放金融贴息贷款

第 5 章　中美新型职业农民培育政策分析

我国近年来出台了一些新型职业农民培育政策，对推动我国新型职业农民发展发挥了重要作用。美国也十分重视新型职业农民培育政策的出台和落实，对美国农业地位的巩固和提高发挥了举足轻重的作用。

5.1　我国新型职业农民培育政策发展

自 2012 年中央一号文件提出要大力培育新型职业农民以来，国家颁布了一系列新型职业农民培育政策。2014 年中共中央办公厅、国务院办公厅印发的《关于引导农村土地经营权有序流转发展农业适度规模经营的意见》指出，加大对新型农业经营主体的扶持力度，开展新型职业农民教育培训，壮大新型职业农民队伍，实施新型职业农民培育工程，努力构建新型职业农民和农村实用人才培养、认定、扶持体系，探索建立培育新型职业农民制度。由原农业部办公厅、财政部办公厅印发的《关于做好 2016 年新型职业农民培育工作的通知》明确提出，完善培育制度体系，建立健全培育机制，构建职业农民队伍，中央财政继续支持新型职业农民培育工作。

5.1.1　土地流转政策

20 世纪 90 年代以来，大量的农村劳动力外出务工或经商或创业，无暇顾及农村土地，"土地荒废化"成为农村普遍现象。2014 年中共中央办公厅、国务院办公厅印发《关于引导农村土地经营权有序流转发展农业适度规模经营的意见》，支持和鼓励新型职业农民通过分散或集中成片流转土地进行农业综合开发。2018 年，上海市人民政府办公厅转发市规划国土资源局《关于推进本市乡村振兴做好规划土地管理工作的实施意见（试行）》的通知，从基本农田优化、存量盘活利用、分类简化用地手续等方面提出系列政策举措，指出农村集体经济组织、农户利用依法取得的农村闲置房屋，以合作或自办方式发展民宿、休闲农业和乡村旅游等的，可以保持原土地用途、权利类型不变。2018 年 12 月底上海市农村承包地流转率高达80%。2015年四川省出台《关于进一步加强工商资本租赁农地监管和风险防范的实施意见》，按面积实行分级备案管理流转土地，建立流转风险防范机制。四川省眉山市彭山区构建委托流转"土地信托"模式，成立区乡村三级服务机构对土地进行收储、整合、流转，真正实现"零风险"。河南省县级土地承包管理部门编制并建立"一户一簿、一簿一号"的农村土地承包经营权登记簿，在经济基础好的村组，可直接进行股份制改造，发展土地股份合作社。2018年《广东省农村承包土地经营权流转合同》指出，各级农业行政主管部门要加强农村承包土地经营权流转管理，规范农村承包土地经营权流转行为。厦门市人民政府办公厅印发《关于进一步促进农村土地经营权有序流转发展农业适度规模经营的实施意见》，鼓励承包农户将土地经营权流转给新型职业农民，对流转合同经镇（街）农村土地流转服务机构鉴证或备案、流转土地属于耕地且实际种植农作物、流转土地面积集中连片30亩以上（含30亩）、流转期限5年以上（含5年）等条件同时具备的给予补助。其中，5年以上（含5年）不满10年的，给予新型职业农民每年每亩100元补助，给予流出经营权的承包农户每年每亩200元补助；10年以上（含10年）的，给予新型职业农民每年每亩100元补助，给予流出经营权的承包农户每年每亩300元补助。

5.1.2 农业基础设施政策

农业基础设施建设一般包括：农田水利建设，农产品流通重点设施建设，商品粮棉生产基地、用材林生产基础和防护林建设，农业教育、科研、技术推广和气象基础设施建设等。党和国家政府高度重视农业基础设施建设，大力发展节水灌溉，推进农村河道综合治理，开展水利、电力建设，为新型职业农民发展现代农业提供了基础。21世纪以来，中央指导"三农"工作的第八个一号文件《中共中央 国务院关于加快水利改革发展的决定》强调，把水利作为国家基础设施建设的优先领域，把农田水利作为农村基础设施建设的重点任务，把严格水资源管理作为加快转变经济发展方式的战略举措。2019年交通运输部等多部门出台《关于推动"四好农村路"高质量发展的指导意见》，提出到2025年，农村交通条件和出行环境得到根本改善，基本建成布局合理、连接城乡、安全畅通、服务优质、绿色经济的农村公路网络。四川省按照"四好农村路"要求，加大通乡邮路、通村硬化路工程建设力度，高度重视高标准农田和重大水利工程建设，建立水利工程补偿和奖励机制，引入中型灌溉区和水库，大大方便了新型职业农民规模化种植。河南省按照"谁受益、谁管护"原则，采取社会化、市场化运作方式，建立灵活高效、权责明确的田间工程管护机制，确保农田设施管护到位。广东省农村水利基础设施改造完成，通过现代标准农田建设，改善了农业生产条件，提高了水资源利用率，已整治农田的灌溉水有效利用率由 30%～40%提高到 60%以上，每亩水田比整治前增产稻谷 30 千克以上。

5.1.3　金融信贷扶持政策

针对金融信贷问题，2017 年中共中央办公厅 国务院办公厅印发的《关于加快构建政策体系培育新型农业经营主体的意见》提出，综合运用税收、奖补等政策，鼓励金融机构创新产品和服务，加大对新型职业农民发展的信贷支持，建立健全全国农业信贷担保体系，确保对从事粮食生产和农业适度规模经营的新型职业农民的农业信贷担保余额不得低于总担保规模的 70%。四川省根据新型职业农民的等级评定，分别给予初级、中级、高级、优秀、"十佳"新型职业农民 10 万元、20 万元、30 万元、50 万元、100 万元信用贷款支持。河南省由济源市投资公司出资 3000 万元成立济源市富民农业发展有限公司作为统贷平台，通过统贷、转贷和直贷模式向全市新型职业农民提供资金支持，济源市投资担保有限责任公司作为担保平台，主要对单笔贷款 500 万～3000 万元的贷款企业进行担保。

5.1.4　税收减免政策

针对税收问题，2017 年中共中央办公厅 国务院办公厅印发的《关于加快构建政策体系培育新型农业经营主体的意见》提出，支持地方扩大农产品加工企业进项税额核定扣除试点行业范围，完善农产品初加工所得税优惠目录。四川省税收减免政策向新型职业农民倾斜，凡由新型职业农民领办或兴办的正规合法的农民合作社向本社成员销售的农膜、种子、种苗、化肥、农药、农机或是农民合作社直接生产销售的农业产品都免征增值税，对农民合作社与本社成员签订的农业产品和农业生产资料购销合同，免征印花税。河南省新型职业农民享受税收优惠政策力度很大，租用国家或农户土地、耕地或林地免征税费，农业机耕、病虫害防治和相关技术培训业务免征增值税。

5.1.5　社会保障政策

目前，我国已建立起较为完善的社会保险制度体系，构建了城镇职工和城乡居民两大基本养老保险制度平台，实现了对社会成员的制度全覆盖，建立了全民基本医疗保险制度体系，三项基本医疗保险（包括职工医保、居民医保和新农合）分别覆盖城镇就业人员、城镇非就业人员和农村居民，新型职业农民可按规定参加相应的基本医疗保险和享受相应的待遇。在四川省符合企业职工基本养老保险条件的新型职业农民以个体身份参加企业职工基本养老保险，以上一年度全省在岗职工月平均工资的60%为缴费基数，缴费费率为20%，其中新型职业农民缴费8%，财政补贴12%。2015年《苏州市新型职业农民社会保险补贴办法》规定，在新型职业农民岗位工作，签订一年以上劳动合同按规定缴纳社会保险费的，由本级财政给予单位和新型职业农民缴纳部分险种的全额社保补贴；以单位就业方式参保的定额补贴标准以最低社会保险缴费计算的单位缴费数额确定（含养老、医疗、工伤、生育和失业保险）；以灵活就业方式参保的定额补贴标准以灵活就业参保最低缴费数额的50%确定（含养老和医疗保险）。河南省推出的农业保险扶持政策为每亩土地15元保险费，其中农民缴纳3元，政府补贴12元，政府给予自然灾害每亩补偿263元。甘肃省增加保险品种和提高保险费率，设计开发种养产业综合保险，对投保的新型职业农民发展种养产业提供风险保障。

5.1.6 农业补贴政策

近年来，中共中央、国务院明确提出新增农业补贴向粮食等重要农产品主产区的新型职业农民倾斜，实行种粮新型职业农民直接补贴、良种补贴、农资综合补贴等政策。湖南省每年实行粮食生产考核奖励，对评选为"先进种粮大户"的新型职业农民给予100万元奖金。广东省实行以奖代补方式，重点支持新型职业农民集中建设发展，对购买插秧机、粮食烘干等设备提供补助。甘肃省构建"多层次、多方式"的产业发展保障体系，对"一县一（多）品"特色品种实行以奖代补政策。

5.2 美国新型职业农民培育政策发展

5.2.1 土地流转政策

美国1932年颁布的《农业法》和1938年颁布的《农场法》，均在不断进行修改和完善，对美国土地管理和土地流转做出了具体指导。目前美国已建立稳固健全的土地流转制度，尤其是农用土地流转制度更加具有可操作性。在土地流转过程中，美国通常是土地使用权、经营权有偿转让，一般不涉及土地所有权。对经营权、所有权和土地流转程序，均建立了完善的保障体系，实现了有序合理的土地流转，保障了农用土地的所有权，减少了土地流转过程中的侵权及纠纷问题，能为买卖双方和市场主体提供适当的自由度。

5.2.2 农业基础设施政策

美国《农业法案》(草案)修改了农村电气化法案对建设农村电气化提供贷款的规定,将电气化建设列入政府资助范畴,将政府提供的资助与贷款紧密结合,改善农村用电、建设农村高速宽带。大量农村人口外流的区域是政府实施政策的重点区域,能够让更多的新型职业农民享受优惠政策。美国除改善和建设农村地区用水以及解决农物和污水处理问题外,还提供竞争性赠款、贷款资金支持设备和基础设施改善。

5.2.3 金融信贷扶持政策

1916年美国开始制定农业贷款法律,主导设立农业贷款专业银行及其基层机构组成信贷系统。随着国家资金的逐步退出,目前美国农村合作金融已成为新型职业农民的合作金融机构。2013年出台的《新农业法案》,拓宽了农村电气化贷款项目,将农村高速网络建设纳入贷款范围,加速农村地区信息化发展步伐。该农业法案授权农业部为农村地区拓展宽带服务,提供赠款和贷款组合。通过政府资助和贷款支持,每年向非营利性组织提供2500万美元竞争性资助用于农村地区公共供水系统建设。

5.2.4 税收减免政策

在美国,农业是一贯受到高度重视和保护的传统行业,农业税最主要的特点是税种少、针对性强和按收入纳税。与工业、服务业等行业相比,美国新型职业农民所缴纳的税费明显较少,额度相对低。美国《联邦农作物保险法》明确规定各级政府对农作物保险免征一切税赋。新型职业农民购买直接用于农业生产的商品不用缴纳销售税,且多数情况下对农业生产者销售产品和服务免税。

5.2.5 社会保障政策

美国养老保险制度具有强制性和全民性特点,将新型职业农民纳入一般社会保障制度中,养老责任由政府、社会和新型职业农民等多元主体共同承担,养老保险资金来源于新型职业农民缴纳的社会保障税。1922年美国财政部设立了农业灾害保险部,目前美国建立了多层次保障水平的农业保险体系,包括多种风险农作物保险、团体风险保险、收入保险和冰雹险等农业险种,且有健全的农业保险监管机构。2014年美国扩展了农业保险作用,将农业保险纳入新型职业农民收入范畴,实施农业风险保障项目,保障新型职业农民农业生产经营的安全。

5.2.6 农业补贴政策

美国农业补贴的集中度很高，90%以上的农业补贴集中在小麦、大豆、玉米、大麦、棉花等五种农作物中。美国通过废止或调整直接补贴、反周期补贴、平均农业收益选择项目等补贴名目，建立新的价格补贴机制，即当农产品市场价格降到基准线下时启动政府补贴，拓宽美国农业安全网对新型职业农民的覆盖面。

5.3 我国新型职业农民培育政策的不足及对策建议

5.3.1 不足之处

1. 农业基础设施

自 2004 年我国 21 世纪第一个中央一号文件出台以来，国家和地方每年都在投入农业基础设施建设，但由于历史和现实的原因，社会力量难以参与进来，我国农业基础设施仍然比较薄弱，在南方丘陵地区和偏远地区农业仍然是一个辛苦行业，无法进行大面积农业机械化生产。

2. 农业金融信贷

我国现有农村金融信贷体系建设滞后，能做抵押贷款的实物少，手续繁杂，贷款额度小，贷款难度大，难以满足新型职业农民的资金需要。

3. 农业补贴

由于我国农业生产存在区域差异，国家财政政策实行差别对待，特别是还存在补贴未到位、不精准的现象。虽然政府对新型职业农民种植水稻和油菜扶持补贴政策较为完善，但补贴数额少，补贴过程复杂。

4. 养老保险

虽然我国有些地方对新型职业农民实行了养老保险政策，但尚未从国家层面出台新型职业农民养老保险政策。

5. 土地流转

虽然我国已经出台土地流转政策支持新型职业农民流转土地，但基层难以落实到位，新型职业农民苦于缺土地，难以扩大农业生产规模。

5.3.2 对策建议

1. 加强立法，狠抓执法

我国虽然有《中华人民共和国农业法》及其配套的法律法规，但没有专门针对新型职业农民培育的法律法规。因此，立法部门亟须从国家层面将新型职业农民培育立法列入重要议事日程，让新型职业农民将农业作为一项终身职业有法可依。同时，执法部门要狠抓执法，任何与法律法规相违背的行为必须依法处理，让新型职业农民在法律法规的框架内从事农业活动。

2. 健全保险，狠抓落地

我国亟须扩大农业保险种类，实现一二三产业保险全覆盖。将新型职业农民养老保险纳入城镇职工基本养老保险范畴，与城镇职工基本养老保险政策一视同仁。推行"互助保险"，在新型职业农民所成立的农业经济组织内部进行种植、养殖、加工和服务的保险活动，新型职业农民自行缴纳一定比例的保费，遭受损失时由农业经济组织赔保。

3. 整合资源，强化建设

国家和地方要加大资金的整合力度，集中财力办好事，严格把好资金的使用效益关。县、乡党组织要指导村民党员选好得力的村党组织，发挥党建的引领和带动作用，充分调动村民筹工筹劳的积极性，集中人力做好事，加大农业基础设施建设力度，确保农业基础设施质量。

4. 创新方式，用活土地

广泛宣传农村土地性质属于集体所有，土地承包户只有使用权和经营权，没有所有权。采取村集体统一流转与承包户分散流转相结合的方式，挖掘"四荒地"的土地使用价值，为新型职业农民生产用地和附属设施用地腾出空间。政府要给予土地发包方、承包方和受让方一定的奖补资金，建立土地承包风险基金，解除农业生产经营风险和土地流转风险。

5. 简化手续，开辟通道

国家要为金融信贷机构提供坚强的后盾，加大财政贴息力度，让金融信贷机构降低贷款门槛，简化信贷手续，为新型职业农民筹资扩大生产规模开辟绿色通道。同时支持和鼓励县乡成立农业金融贷款机构，多渠道解决新型职业农民农业贷款问题。

第6章　新型职业农民培育云平台构建

近年来，农业物联网在各地蓬勃发展，黑龙江、北京、天津、安徽、上海、江苏、新疆和内蒙古等地相继开展了系列农业物联网示范工程。与此同时，创客群体逐渐壮大，由此催生了互联网农业小镇、农业信息服务云平台，但在现代农业实践中农业物联网尚存在三个主要问题。一是农业物联网应用受阻，主要源于应用标准缺失、信息技术难以转化生产力、农业技能人才紧缺。二是智能信息平台服务滞后。农业实时场景的高保真效果不强，各类平台同质化严重，且脱离农业生产实际。三是农业供求信息失灵。生产、销售信息严重缺失，市场供求反应慢。针对这些问题，农业部办公厅印发的《国家农业科技服务云平台建设工作方案（试行）》提出，用信息手段完善农业大数据，构建云平台。为此，本章引入农业物联网、大数据等技术，构建新型职业农民培育云平台，引导具备农业创意和创业能力的创客与拥有农业资源和农产品生产能力的新型职业农民进行跨时空耦合对接，助推现代农业高质量发展。

国内外学术界关于物联网、云平台及创客的研究，主要集中于农业物联网、农业创客、农业智能云平台等领域。一是农业物联网研究。学者多从物联网在农业供应链的应用方面探究其经济效益与发展远景。例如，Bernardi 等（2007）构建了以 RFID（radio frequency identification，射频识别）和公共密钥为基础的管理系统，实现农产品的信息追溯；刘东红等（2012）叙述了无线射频和传感技术在农产品生产和溯源等领域的研究状况；Miorandi 等（2012）通过部署分布式设备，提出基于嵌入式识别、传感和驱动能力的物联网应用模式；Suprem 等（2013）研究了土壤采样技术、农业机器人、传感器网络等在土壤监测、作物种植各环节的整合应用；余欣荣（2013）论述了农业物联网全系统、全元素及全程的发展理论；孙雷（2015）提出了开拓农业物联网、促成农业生产智能化是发展现代农业的战略措施；Rovira-Más 等（2015）研究了传感网络在农业中的运用；Roberti 等（2016）探索了嵌入式计算等技术在农业领域的应用；鞠晓晖等（2016）研究了互联网在农业应用中的不足之处，获得强化农业物联网服务体系建设的启迪。二是农业创客研究。唐莹等（2016）探讨了农业院校图书馆基于 CSA（control self assessment，控制自我评估）模式构建都市农业创客空间的路径；付志勇构建了众创空间支持创客教育的生态体系；尤志（2018）归纳"互联网+"农业创客的发展模式为农业田园综合体与合作社、互联网+农业旅游、互联网+农业特色化、互联网+智慧农园、互联网+校友+农业+众筹、互联网+农业教育和社会实践基地、互联网+农业文化村落、互联网+集贸市场等；莫凡（2018）提出我国农业生产面临若干"微领域"难题，应当以"微创新"农业求解"微领域"难题，主要包括"种植型""繁育型""防疫型"三类微技术创新，应当让创客成为"微创新"农业研发的实施者、"微创新"农业技术的普及者、"微创新"农业市场的开拓者，要建立完善农业创客"教育链"建设的统筹协调机制、农业创客"人才群"建设的多元激励机制、农业创客"工作坊"建设的协同参与机制等；霍生平和韩丹（2018）探索了农民创客智能培育平台的构建模型，提出两种智能课程推送机制和平台运行保障机制。三是农业智能云平台研究。王爱云（2011）整合三农信息需求，构建以农民为核心的农村信息服务模式；Kaloxylos 等（2012）提出在农产品交易过程中运用线上与线下相结合的方式，构建农业的云平台；Abuelkheir 等（2013）尝试构建农业经济信息系统；孙忠富等（2013）探讨了智慧农业的关键地位；Waga（2013）发现可以借助云计算工具来分析环境对农业生产的要求，构建了农产品流通信息平台建设的一般模型，希冀为新型职业农民提供有价值的信息；王娟娟（2014）提出利用云平台建立农产品物流和商流的桥梁，由平台向用户提供信息；Power（2014）研究了大数据为农户提供决策支撑与实质性分析的可靠性；孟祥宝等（2014）就农业大数据平台建设进行了阐述；吴疆（2015）高度评价云计算和信息服务平台在农业中的作用；张玲和任利成（2015）构造了大数据在信息化农业中的价值创造模型。

综上所述，国内外研究主要集中于农业物联网发展、农业创客活动特征及素质培育、农村信息平台建设等方面。本章基于农业物联网技术的功能特点，结合新型职业农民与创客在农业资源整合、生产经营方式创新中的互补关系，研究农业物联网环境下新型职业农民培育云平台的原型结构、运行机理及实现路径，以创客小镇进行仿真实验，提出新型职业农民培育云平台的应用政策。

6.1 新型职业农民培育云平台原型结构

6.1.1 新型职业农民的农产品供求对接模型

本章结合农业物联网的实际需求和创客的素质特征，构建新型职业农民的农产品供求对接模型（图 6-1）。该模型创新了农产品流通路径，集聚具有农业创意的创客,指导有农业资源的新型职业农民进行农产品深度加工,使农产品创新与市场需求耦合。

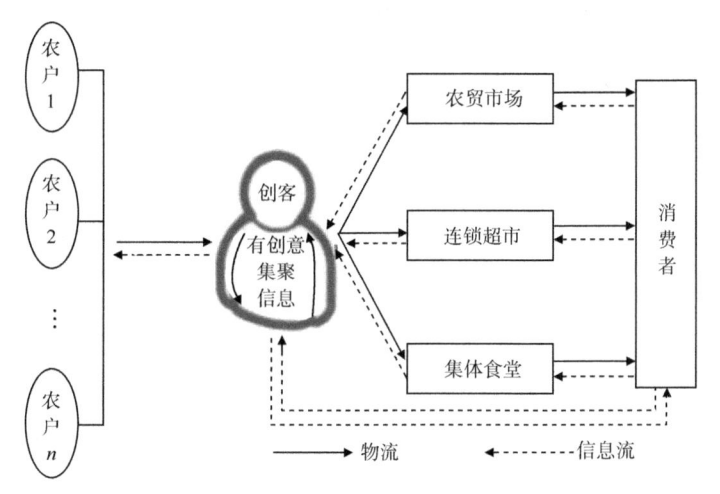

图 6-1　新型职业农民的农产品供求对接模型

这里的"农户"专指新型职业农民

1. 促进农业供应链上下端无缝对接

该模型能够实现生产、运输和销售无缝对接。农业物联网平台把农业供应链上下游连接起来,形成端到端的智能物流服务体系,根据物流实时状态实现精准协同配送。

2. 推行农业信息化管理

农业物联网的应用和创客群体的加入,能促进农业信息的实时共享和利用,借助 RFID 标签及传感网络,实现对从生产、加工、物流到终端销售的信息全程掌控,增强新型职业农民的信息对称度。

3. 实现农产品智能生产

创客借助农业物联网技术,指导新型职业农民运用智能生产手段,实时掌握影响动植物生长环境的参数,根据参数变化适时调控农产品生产系统,确保优良的生长环境。

4. 提高农业风险抵抗能力

创客指导新型职业农民为农产品加入 RFID 标签,创建新型职业农民与消费者间的智能通道及农产品可追溯系统,使新型职业农民和创客快速应对市场需求、增强协同抵御市场风险的能力。

6.1.2 新型职业农民培育云平台组件框架模型

结合农业物联网、新型职业农民及创客的特点，引入云平台的三层次结构，构建新型职业农民培育云平台的组件框架模型（图6-2）。

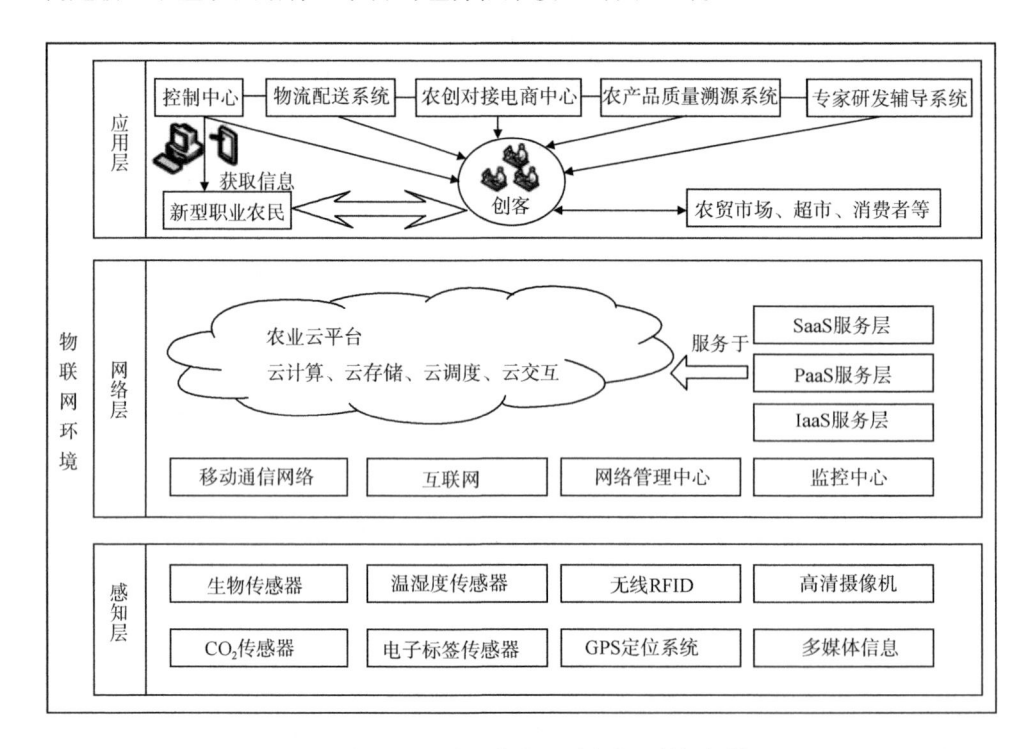

图 6-2 新型职业农民培育云平台的组件框架模型

该模型借助传感器、360°视频监控设备实现监测和远程控制。在创客协助下通过电脑、手机帮助新型职业农民和消费者随时掌握农作物状况及环境变化，降低市场主体间的信息不对称，实现产销精准对接和智慧农业生态发展。

1. 物理技术架构

农业物联网是一个复杂的信息系统，其基础体系结构从下到上分为感知层、网络层、应用层。

（1）感知层。由传感器采集农业信息，真实展示新型职业农民资源，将创客所需的农产品生长状态实时转化为数据信息，实现农产品数据自动监测、控制及视频实景传播，帮助新型职业农民及时发现、分析和解决问题。

（2）网络层。将感知层获得的农产品信息，经网络设备上传到中继器，由云平台传至应用层，建立数据模型，新型职业农民可分析农作物生长的最佳条件，从而实现新型职业农民与创客精准对接和密切合作。

（3）应用层。根据新型职业农民与创客协作运营的农业各业态领域，分类构建物流配送、电商平台和综合服务应用体系，实现农业信息化与新型职业农民、创客和消费者跨系统、跨领域的智能互通。

2. 功能架构

农业物联网环境下新型职业农民培育云平台数据的采集和设备控制集中在云端，新型职业农民可在创客指导下，按照权限管理其大棚、农田、温室，为农业物联网应用提供条件，促进支撑创客连接新型职业农民和消费者的各子系统有序运行，形成新型职业农民培育的智慧空间体系。在该体系下，新型职业农民、创客和消费者自动进行匹配，提供所需的信息和数据，利用应用层的两个中心和三个系统获得优质服务。

（1）控制中心。通过安装在农田的传感器采集数据上传至云端，在现场安装360°视频监控设备实时监控，新型职业农民用手机或电脑查看农作物情况和所需的气象、土壤数据等信息，既可视频录像和回放，又可远程控制设备进行灌溉和降温等作业。

（2）物流配送系统。为保证货物安全，创客给物流车辆配备GPS定位，新型职业农民和消费者可实时查询货物位置。创客选择专业的农产品物流公司，能够减少流通环节，提高物流效率，根据物流配送实时状态，实现精准有效的协同配送。

（3）农创对接电商中心。创客依托淘宝等电商资源，与新型职业农民协作，畅通农产品线上线下贸易渠道，建立功能完备的农产品对接和服务平台，实现电商企业专注做销售，创客专心指导新型职业农民，新型职业农民专业从事农业生产的目标。

（4）农产品质量溯源系统。创客指导新型职业农民进行农业标准化生产，新型职业农民实时采集农作物生长信息和图片，形成RFID附属在农产品上，生成唯一标识溯源码，实现对农业产业链的全程监控。消费者通过手机查询溯源信息，建立对新型职业农民和创客的信任机制。

（5）专家研发辅导系统。创客搭建农业专家系统，提供农产品生长特性和规范。新型职业农民发现农业技术问题时，通过在线学习平台与专家进行面对面交流，专家针对问题开出"处方"，从而全面提升农业技术服务能力。

6.2 新型职业农民培育云平台运行

6.2.1 基于信任因子的协同过滤推送算法

新型职业农民向朋友咨询建议时，若与朋友具有相似需求（相似度）而信任度不同，则其对建议的接受度就有差异。对于新型职业农民与创客的深度合作，除相似度外，信任度是影响决策的重要因素。基于社会信任理论，目标新型职业农民对最近邻新型职业农民的信任水平越高，则对近邻推荐创客的接受度就越高。因此，新型职业农民培育云平台可导入基于信任因子的协同过滤推送算法。

1. 信任因子

将协同过滤推送算法创新性地应用于新型职业农民与创客的智能匹配，其假设是：为一位新型职业农民找到与其匹配的创客的好方法是，先找到与自己有相似需求的其他新型职业农民，其他新型职业农民将为他们服务的创客推荐给该新型职业农民。本章的信任因子是指在协同过滤系统中，新型职业农民被他人信任的程度。因此，用 T_i 表示信任因子，即新型职业农民 i 能被系统中的新型职业农民信任的程度。本章 T_i 满足式（6-1）：

$$0 \leq T_i \leq 1 \qquad (6\text{-}1)$$

设 f_i 表示新型职业农民 i 对系统中创客的评价数量，f_i 越高，则新型职业农民 i 的信任因子越高。设 q_i 表示新型职业农民 i 作为其他新型职业农民的最近邻的次数，q_i 越高，表示 i 被他人信赖的水平越高，反之越低。

信任因子可由式（6-2）计算：

$$T_i=2(1-1/\ln f_i)[1-1/\ln(q_i+3)]/[2-1/\ln f_i-1/\ln(q_i+3)] \qquad (6\text{-}2)$$

2. 基于信任因子的协同过滤推送算法设计

设计调和权重，不但探讨相似度在最近邻推荐过程中对权重的影响，还考虑到新型职业农民对最近邻的信任度差异对权重的影响。调和权重由新型职业农民与最近邻的相似度和信任度共同决定，如式（6-3）所示。

$$W(i,a)=2\text{sim}(i,a)T_i/[\text{sim}(i,a)+T_i] \qquad (6\text{-}3)$$

式中，$W(i,a)$ 表示新型职业农民 i 和新型职业农民 a 的调和权重；$\text{sim}(i,a)$ 表示新型职业农民 i 和新型职业农民 a 的相似度；T_i 表示新型职业农民 a 对新型职业农民 i 的信任度。

在计算调和权重后，代入传统的推荐算法，对目标新型职业农民进行推送，如式（6-4）所示：

$$P(a,y) = \overline{R_a} + \left[\sum_{i \in \text{NN}} W(i,a)R(i,y) - (\overline{R_i})\right] \bigg/ \left|\sum_{i \in \text{NN}} W(i,a)\right| \quad (6\text{-}4)$$

式中，$P(a,y)$ 表示目标新型职业农民 a 对创客 y 的预测评价；$R(i,y)$ 表示目标新型职业农民 a 的最近邻居集的新型职业农民 i 对创客 y 的评价；$\overline{R_a}$ 和 $\overline{R_i}$ 分别表示新型职业农民 a 和新型职业农民 i 的评价均值。这里目标新型职业农民 a 的最近邻居集用 nearest neighbour（NN）表示，$i \in \text{NN}$。

3. 基于信任因子的协同过滤智能推送模式

如表 6-1 所示，对于任意 $y \in \text{RS}$，在 RS 的范围内进行推荐，假如对于 a 得到 m 个创客推荐，即推荐的相关集合为 $I_t = \{I_{t_1}, I_{t_2}, I_{t_3}, \cdots, I_{t_m}\}$，$R_n t_m$ 表示新型职业农民与创客间的对应关系，基于信任因子的匹配度分别为 $P(R_1 t_1)$，$P(R_1 t_2)$，$\cdots$，$P(R_n t_m)$。$P(R_n t_m)$ 值越大，表示对应的新型职业农民与创客的匹配度越高。其中，y 表示创客，a 表示新型职业农民，RS 表示推荐系数。

表 6-1　基于信任因子的协同过滤智能推荐

a	I_{t_1}	I_{t_2}	$\cdots$	I_{t_m}
a_1	$R_1 t_1$	$R_1 t_2$	$\cdots$	$R_1 t_m$
a_2	$R_2 t_1$	$R_2 t_2$	$\cdots$	$R_2 t_m$
$\vdots$	$\vdots$	$\vdots$		$\vdots$
a_n	$R_n t_1$	$R_n t_2$	$\cdots$	$R_n t_m$

根据多个相邻新型职业农民的特点，进行新型职业农民需求分类，将不同创客分为各子类。通过式（6-4）计算出目标新型职业农民对创客 y 的预测评价，P 值越大，表示创客 y 与目标新型职业农民 a 的预测匹配度越高，选取高预测匹配度的创客向该新型职业农民进行推送对接。

由图 6-3 可见，基于信任因子的协同过滤智能推送过程是，将更准确刻画新型职业农民与创客关系的信任度引入协同过滤算法，将新型职业农民间的信任度作为相似度的有效补充，将两者的混合值作为推荐权重，使新型职业农民与创客特征灵活匹配，缓解传统协同过滤推荐算法的数据稀疏性问题。同时提高预测准确度，有效解决信息量爆炸、用户量陡增问题，从而实现了新型职业农民与创客的智能耦合连接与深度沟通合作。

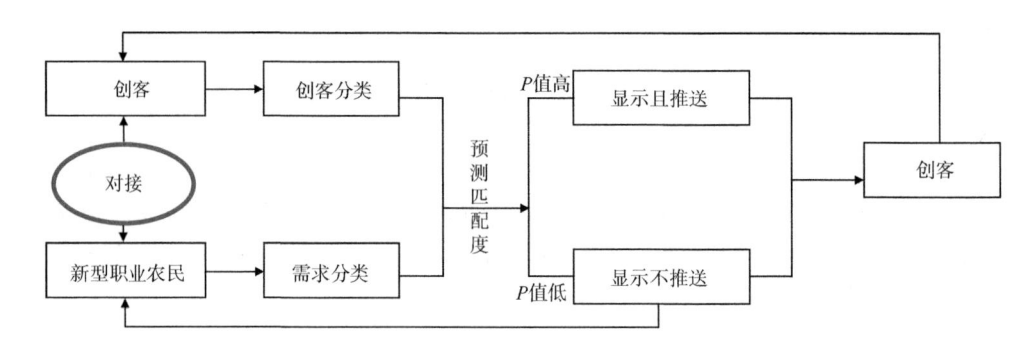

图 6-3 基于信任因子的协同过滤智能推送过程

6.2.2 新型职业农民培育云平台的运行过程

为促进新型职业农民与创客形成高满意、高黏聚、高效率的合作态势，需要构建云平台下新型职业农民培育智能协同的流程模式。

1. 新型职业农民与创客特征画像

云平台对新型职业农民特征画像是指，根据新型职业农民的社会属性、消费行为习惯和需求，经信息分析抽象其基本的特征形象；云平台对创客特征画像是指，依据创客的地理位置、创新特征、专研领域等构建其高度精练的特质标识。因此，需要农业物联网云平台建立创客库、新型职业农民库、标签库进行数据收集，用大数据技术进行统计和分析，将标签系统定位于网络层，将拥有大量用户数据的数据平台和可视化数据工具平台连接起来，以定量和定性方法相结合创建用户画像，给用户打上不同维度的标签，赋予不同的权重，以准确刻画用户。

2. 协作对象个性化推送

在对新型职业农民和创客特征画像的基础上，分类显示新型职业农民个性化需求和创客兴趣特征，按照云平台"两端"精准耦合要求，进行协作对象个性化双向推荐配送，将平台上的资源进行智能对接，为新型职业农民推荐高匹配度的创客和提供高精准度的服务。这需要物联网云平台导入数据分析、云计算等技术，实现对新型职业农民与创客的跟踪和分析；引入 Agent、P2P（peer to peer，对等网络）个性化搜索技术，借助新型职业农民特征化和隐语义推荐优化推送方式，提高对创客优势和新型职业农民需求的发掘效率；依据服务网络结构、服务区域热度，进行智能推送聚类；引入神经网络技术，根据新型职业农民与创客的历史行为、过往推送成功率进行学习总结，动态修订推送方案。

3. 协作关系形成

新型职业农民与创客个性化匹配后，建立新型职业农民与创客间的利益衔接机制，形成"一对一"稳定的协作关系，满足新型职业农民的个性化需求；新型职业农民和创客需注册登录唯一身份账号，并在双方间公开基本信息，在相互信任的前提下深入合作；提供协作合同模板，指导订立激励和约束条款，调解仲裁纠纷问题，降低契约风险。这需要实行实名制，真实显示新型职业农民和创客的特征；利用大数据实现以用户为导向的在线贴身服务，及时传递新型职业农民需求，呈现新型职业农民和创客的建议，做到评价信息透明化、公开化，由平台为双方推送合约模板、指引关键条款的商洽。

4. 协作过程跟踪

跟踪、监督协作过程向新型职业农民和创客提供常见问题和解决方法，促进双方在生产进度、质量信息、疑难问题等方面深度交流，激励创客更贴心地服务新型职业农民，使新型职业农民在创客的指导下，生产适合市场需求的农产品，实现智慧生产和精准销售，促使新型职业农民和创客达成高度互信、动态协同的合作关系，提高协作满意度。这需要应用传感器网络、移动互联网技术，实现可视化、深度化和便捷化沟通；建立新型职业农民互动渠道，支持交换真实场所和身份信息，通过线上线下互补、虚实情境融合增强新型职业农民与创客的高交互性。

5. 协作绩效分析与改进建议

建立新型职业农民需求、创客胜任力、农创匹配度评级标准和评级参考值，提供协作绩效分析数据，分析诊断问题，运用恰当的平台设计与优化策略，系统提升新型职业农民与创客的协作绩效，逐步强化信任与合作关系，提高双方的凝聚度。这需要对新型职业农民与创客在合作过程中的行为和结果进行动态特征提炼。一方面是信誉度评价，包括新型职业农民对创客素质和能力的评价、创客对新型职业农民积极性和配合度的评价；另一方面是合作关系评价，根据新型职业农民和创客合作完成的质量及效果进行合作关系跟踪评价，提供合作效率提升建议。在相互合作中，创客要与新型职业农民保持互动和联系，了解新型职业农民的需求与建议，通过不断创新迭代，追求新型职业农民高满意度，改进服务措施。

6.3 新型职业农民培育云平台仿真实验

本章以湖南省首批国家乡村旅游创客示范基地——长沙慧润板仓为例进行仿

真实验。将新型职业农民对创客的平均评分分值作为创客的得分，面向119个新型职业农民征集对45位创客的评分，评分值为1~5的整数，分值越高表示新型职业农民与创客合作的满意度越高，最后获得876个新型职业农民评分数据。如果用新型职业农民对创客已有的评分数占所有可能的评分数的比例衡量稀疏性，则其稀疏性为 $\varepsilon=1-876/(119\times45)\approx0.836$，计算结果越接近于1表示稀疏性越大，可见评分较为稀疏。因为现场访谈调查发现当地中青年新型职业农民已使用智能手机，但他们多数人还较少利用微信进行线上产品促销和客户管理。在推荐算法的质量评价标准中，通过计算平均绝对误差（mean absolute error，MAE），即计算新型职业农民对创客的预测评分与实际评分之间的偏差，衡量算法预测的准确性，MAE越小，预测越精确，推送精度越高。

假设用基于信任因子的协同过滤推送算法预测新型职业农民对 k 位创客的评分为 $\{C_1, C_2, \cdots, C_k\}$，新型职业农民实际评分为 $\{S_1, S_2, \cdots, S_k\}$，则MAE可描述为

$$\mathrm{MAE} = \sum_{i=1}^{k}|(C_i - S_i)|/k \qquad (6\text{-}5)$$

为验证基于信任因子的协同过滤推送算法的有效性，将其分别和传统的推荐算法、基于项目评分预测的推荐算法、基于蚁群聚类项目评分预测的推荐算法进行比较，选取的邻居数从4逐步增添到20，间距为4。实验结果表明，随着最近邻个数的增加，MAE均不同程度地降低，推荐质量提高。在仿真实验中基于信任因子的协同过滤推送算法的曲线处于最下方，呈下降趋势，说明基于信任因子的协同过滤推送算法的MAE值最小，推荐精度最高。这证实当面临数据稀疏性问题时，新型职业农民培育云平台运用基于信任因子的协同过滤推送算法能够比其他几种算法更准确地实现新型职业农民与创客的耦合推荐。

6.4 新型职业农民培育云平台应用体系

推动新型职业农民培育云平台应用，应当结合农业物联网"人-机-物"一体化特点，构建"以政府政策支持为导向、以产业支撑体系为依托、以新型职业农民与创客信息素质为动力、以电商网络为基础"的云平台智慧协同创新共同体。

6.4.1 加强新型职业农民培育云平台的运营支持

一是完善政府与企业及农民专业合作社的合作模式，推进农业物联网和云平台建设运营。通过项目收益和补贴引导实业资本、金融机构与政府签订框架合作协议，引进社会资本参与云平台建设运营。二是健全农业物联网相关的强农惠农

政策。例如，提供农村创客专项补贴，支持创客与新型职业农民加强合作；向新型职业农民和创客发放服务券，可凭券自由选择优质服务企业，企业凭券发放智能手机、计算机等智能信息装备和提供知识技能培训；加大农业物联网和创客推介力度，促进新型职业农民适应新型网络时代要求、加深对创客的了解；鼓励城乡成功人士参与平台运营，形成和谐共生的创友生态圈和众创社会关系网络。

6.4.2 构建新型职业农民和创客协作的产业支撑体系

一是以农业电子商务、农产品加工、乡村旅游、休闲农业等特色产业为载体，开发特色农业资源，打造集农业、旅游、文化于一体的创新业态体系。创客将农业物联网与农业生产、新型职业农民生活、农村生态等各方面相融合，指导新型职业农民开发富有创意的农产品品牌，完善农产品分等分级、包装配送、冷链物流、品牌创建等供应链体系。二是构建新型职业农民培育云平台运营商和信息中介服务商，提供高质量的专业服务支撑，支持新型职业农民和创客在网络上获取农产品种养、加工、销售全过程的信息，实现农业生产经营可视化观察、深度化分析、自动化调控、智能化决策。

6.4.3 提升新型职业农民和创客应用智能信息创业的能力

一是提高新型职业农民的智能信息应用能力。农业农村等相关部门要引导新型职业农民积极利用智能信息技术工具，加强近邻新型职业农民间的网上交流沟通，主动共享近邻经验，主动借助创客、专家等农业服务主体，发展小微型、多样化的智慧农业运营模式。二是增强创客的网络空间创业能力。通过提供优越的农村住房、休闲娱乐、医疗、教育、办公、土地使用、金融等条件，吸引大学毕业生、科技专家、农民工、新乡贤、企业家等能人，为新型职业农民提供农业产供销等各环节的线上线下服务。三是深化新型职业农民与创客在网络空间的沟通对接。新型职业农民培育云平台初期免费注册使用，以吸引新型职业农民、创客入驻使用，引导新型职业农民与创客之间进行精确评价和密切交流。

6.4.4 依托电商网络扩大新型职业农民培育云平台辐射应用范围

以农业电子商务网络为基础载体，形成以新型职业农民培育云平台为核心、沿着电商网络辐射扩散的"创新涟漪"圈层结构，高效扩大新型职业农民培育云平台的应用覆盖范围。例如，创客给新型职业农民每人一个网络个人空间，包括申请微博、QQ、微信、公众号、App软件，耐心指导使用技巧，使越来越多的新型职业农民在空间上便捷地获得农产品产销全过程辅导服务。

总的来说，本章探讨农业物联网环境下以新型职业农民培育为核心的云平台模型构建及应用。在理论方面，研究了该云平台的内在逻辑和功能组合，分析了利用云计算和算法等工具助推新型职业农民与创客精准匹配、深度协同的运行机理；在实践方面，将相关理论成果转化应用，以乡村创客小镇长沙慧润板仓为例进行仿真实验，提出了增强新型职业农民培育云平台应用的政策建议。

在我国农业发展正步入"信息化主导、智能化生产、可持续发展"的农业4.0时代，信息化与农业现代化的深度融合，将促进农业物联网等新兴产业的发展。因此，后续研究可深入解析新型职业农民和创客的特征内涵、动态结构耦合，探索构建从农田到"舌尖"全过程的增强智能型新型职业农民培育云平台体系。

第 7 章　新型职业农民乡村产业发展

乡村振兴、产业兴旺是基础。党中央、国务院高度重视乡村产业发展。习近平指出，"产业兴旺是解决农村一切问题的前提，要推动乡村产业振兴，紧紧围绕发展现代农业，围绕农村一二三产业融合发展，构建乡村产业体系"[①]。李克强强调，"要深入实施'互联网+农业'，支持返乡入乡创业创新，推动一二三产业融合发展"[①]。近年来，在中央强农惠农富农政策推动下，由新型职业农民领办或兴办的新型农业经营主体发展迅速。《国务院关于乡村产业发展情况的报告——2019年4月21日在第十三届全国人民代表大会常务委员会第十次会议上》显示，截至2018年4月22日我国农业产业化龙头企业有8.7万家，注册登记农民合作社217万家，家庭农场60万个，大大促进了乡村产业发展。

为深入摸清新型职业农民发展乡村产业有关状况，作者通过对我国部分农业县市区进行调研，全面听取了新型职业农民乡村产业发展的主要做法、存在的主要问题和重要建议，为进一步推进新型职业农民乡村产业发展提供了重要参考和决策依据。

7.1　新型职业农民乡村产业发展的特点

7.1.1　创办新型农业经营主体发展乡村产业

截至2019年12月底，新型职业农民领办或兴办农民合作社、农业企业、家庭农场等新型农业经营主体发展产业，产生了一定的成效。例如，"国家级农民合作示范社"——湖南喜杨杨果树种植专业合作社由湖南省"十佳新型职业农民"、湘乡市新型职业农民讲师团特聘教师谭叙平理事长领办，有8个大股东和131个社员，谭叙平探索出的杨梅树"矮化"技术成熟，所产杨梅通过了"三品一标"认证，注册了商标和创立了品牌，建有杨梅科普示范基地600多亩，种植200多

---

① 《国务院关于乡村产业发展情况的报告——2019年4月21日在第十三届全国人民代表大会常务委员会第十次会议上》，http://www.npc.gov.cn/npc/c30834/201904/1e30cb31a2a242cdb82586c5510f756d.shtml[2019-04-21]。

个杨梅品种，果品质优，顾客吃得放心，几天时间就能卖完，年产值500多万元，同时作为乡村产业发展联系人，他常年免费上门为小农户进行技术指导。双峰广缘绿色农业发展有限公司由湖南省"十佳新型职业农民"刘智伟法定代表人兴办，拥有各类农业生产机械60多台，大型烘干仓储面积4000多平方米，总资产达510万元，以每亩300~400元的地租流转土地2860亩，采取公司+合作社+基地+农户的管理模式发展绿色农业。"省级农民合作示范社"——双峰县鑫盛种养农民专业合作社由美丽乡村副会长兼村支书的湖南省"十佳新型职业农民"王义定法定代表人领办，建立稻田+养蛙+养虾的"稻田+"模式，年产值在原来的基础上翻三番。隆回山峰农业发展有限公司由湖南省"十佳新型职业农民"、县人大代表江怀军创立，发展了优质稻种植、杂交水稻种植、大米加工、农机服务、生态养殖等五个产业，带领600余户农户走上产业发展的道路。新化县从幼师转行做新型职业农民的邹碧波创建新化县水车镇紫鹊界贡米生产基地，拥有13家联盟合作社，她创造的稻草秸秆40%+农家肥10%+泥土20%+水30%混合腐熟三个月以上制造肥沃土壤的土具农耕坊取得了极佳效果。湘潭县春静水稻种植专业合作社由全国"十佳新型职业农民"、全国人大代表彭水平理事长兴办，从4个乡镇和19个村流转土地8700多亩，她2010年从教育行业转到农业领域，探索出定产量、定成本、定报酬、定奖罚，统一品牌、统一品种、统一农业技术指导、统一病虫害防治、统一机械操作烘干仓储、统一销售的"四定六统"管理模式，大大提高了农民的工作积极性，并采取种养结合方式，喂养1000多头沙子岭猪，因品种好无须广告包装宣传，就有可观的销售量。安化县巧姑生态农业有限公司由法定代表人罗云兴办，采取"公司+合作社+小农户（一般农户）"生产经营模式，以供应种苗、技术指导、回购、入股分红、就业等方式与小农户建立利益联结机制，使散户有机会赚钱，通过生产线用工留住外出务工人员，缓解留守儿童问题，带领小农户长期稳定增收。永兴县合众农业开发专业合作社由法定代表人陈海斌领办，采取"合作社+基地+农户"的生产经营模式，发展成为永兴县规模最大、技术力量最强、集生态种养殖于一体的林下中药材种植合作社，中药材种植示范基地1200亩，发展鱼类养殖场50亩、生猪养殖场300平方米、中药材加工厂200平方米。永兴县兴邦果业有限公司由永兴县冰糖橙种植业协会会长、湖南省劳动模范廖帮文兴办，投资建设1500亩绿色食品永兴冰糖橙标准化生产基地，扶持发展果农600多户。

7.1.2 提升新型职业农民素质发展产业

各地将新型职业农民培育与产业发展紧密结合，以种养大户、农民专业合作社负责人、家庭农场主及农业企业主为主要新型职业农民培育对象,围绕当地主导产业兼顾地方特色产业开展农业技能、专项技术、农村政策法规和农业经营管理等针对性专业化培训,新型职业农民的科技文化意识、实用技术技能和经营管理水平都有明显提高,农业安全、品牌和组织化意识都有明显增强,农业生产经营性收入都有明显增加,涌现出了一大批新型职业农民农业科技推广和农业科技兴农致富的典范和带头人,如新型职业农民大学生张浩胤,2012年怀化职业技术学院毕业后,参加怀化市青年农场主培训结业,从事1611亩水稻、葡萄等农业种植,实现全程机械化作业,与当地小农户建立利益联结机制,免费为小农户提供技术指导,免费赠送葡萄种苗1万多株,为闲置劳动力和农户提供就业岗位200多个,帮助100多户小农户脱贫致富;湖南博嘉魔力农业科技股份有限公司总经理钟果林,参加会同县魔芋产业生产经营型新型职业农民培训班后,年生产加工新鲜魔芋3万吨,形成了以魔芋种植、加工和销售为一体的魔芋产业链、价值链和利益链,产生了系列魔芋发明专利、标准或规范,带动全县18个乡镇68个乡村2587户小农户种植魔芋2万多亩。

7.1.3 扶持新型职业农民政策发展产业

各地均在为新型职业农民发展产业出台扶持政策,在农业项目安排、土地流转、税费减免、金融信贷等方面扶持新型职业农民发展产业。以湖南和江苏两省为例,从省级层面看,2014年《湖南省人民政府办公厅关于加快新型职业农民培育的意见》提出,围绕产业发展实行全过程跟踪培养,实行农业技术干部联系农业园区、农民专业合作社、龙头企业制度,帮助制订产业发展规划,做好技术指导服务,各有关部门要积极制定相应的扶持政策,支持新型职业农民发展农业产业;2015年《湖南省国土资源厅 湖南省农业委员会关于进一步规范设施农用地管理 支持设施农业健康发展的通知》提出,生产设施、附属设施和配套设施用地直接用于或服务于农业生产,按农用地管理,不需办理农用地转用审批手续;2019年《湖南省自然资源厅 湖南省农业农村厅关于进一步加强和改进永久基本农田保护工作的通知》规定,确实无法避让永久基本农田的,在不修建永久性建筑物、经复垦能恢复原种植条件的前提下,可依法依规临时占用,原则上不超过两年,到期后必须及时复垦并恢复原状;2017年《江苏省人民政府办公厅关于加快培育新型职业农民的意见》要求,各地要优化涉农资金支出结构,推动新增农业补贴和项目建设向职业农民等新型农业经营主体倾斜,鼓励金融机构开展适合新型职业农民特点的信用、联保等贷款业务,适当给予利率优惠,推动农业银行"金农贷"、邮政储蓄银行"富农贷"等融资产品,鼓励农村小额贷款公司加大对新型职业农民的贷款支持，支持保险机构针对新型职业农民农业生产开展农业保险险种创新，引导涉农高等院校设置合理的创新创业学分，为有意愿、有潜质的学生制定创业能力培养计划，允许保留学籍休学到农业领域创新创业，在不改变土地用途的基础上，试行在现代农业园区设立创业园、科技孵化基地，为返乡农民工、大学生提供支持。从市县层面看，2015年《苏州市人民政府印发关于进一步加强新型职业农民培育的意见的通知》要求，明确到2020年，基本建成一支与苏州市现代农业产业需求相适应的"专业层次分明、年龄结构合理、技能领先实用、从业领域明晰"的高素质新型职业农民队伍。2015年《苏州市委办公室 苏州市政府办公室关于转发苏州市新型职业农民社会保险补贴办法的通知》明确，建立由个人缴费、政府补贴相结合的社保补贴制度；2018年《中共怀化市委办公室 怀化市人民政府办公室关于印发怀化市五溪人才行动计划的通知》提出，围绕"乡村振兴战略"，加强农业科技人才队伍建设，培养农村基层实用人才，增强乡村发展新动能，并整合农业农村、水利和移民等部门的涉农资金用于扶持新型职业农民壮大产业；湘乡市以"基层农技推广体系建设"项目为依托，每年遴选3个示范带动作用的农业技术示范基地作为农民田间学校，并给予其一定的资金补助。

7.2 新型职业农民乡村产业发展的模式

7.2.1 从"品种"入手的"一产到一三产融合"模式

该模式是新型职业农民通过引进产业新品种，将特色养殖与休闲农业发展深度融合，最终带动小农户增收致富，以浏阳市淳口镇炉烟村最为典型。

首先，浏阳市淳口镇炉烟村的新型职业农民与驻村工作队和乡村干部在充分调研和掌握市场信息的基础上，引进江西省养殖新品种——"中国黑宝"五黑鸡。其次，新型职业农民充分利用林地空间大，阳光充足，草籽、昆虫、溪水丰富等生态农业资源优势，带领多户小农户，领办农民合作社，发展投资少、见效快的特色生态林下养殖项目——散养五黑鸡。再次，新型职业农民积极促成五黑鸡养殖合作社与长沙市多家餐饮企业、电商平台达成定向产销合作协议，为特色农产品建立稳定的销售渠道。最后，新型职业农民在生态养殖基础稳定后，发挥生态资源优势和省会后花园交通区位优势，引进社会资本，发展休闲农业，合作打造集产业、休养、培训、民宿、文化、娱乐于一体的"云深静野国际庄园"，做足山水和乡村文化大文章，通过"卖空气和卖文化"这种高附加值产品增加小农户收入。

7.2.2 以"品质"为本的"做精一产的精细农业"模式

该模式是新型职业农民将产品品质放在首位,将第一产业农业做精做细,探索出将农产品就近就地销售给机关、学校等单位的消费模式,实现农业的精细化生产与订单销售良性互动,以醴陵市"稻田+"创新创业联盟最为典型。

由新型职业农民创办的醴陵市"稻田+"农业发展有限公司牵头成立醴陵市"稻田+"创新创业联盟,以"联盟+公司+小农户"形式,以质量为导向,带动小农户开展不施用任何化肥农药的"稻田+"种养结合的精细农业生产。一种方式是将小农户安排到东富镇"稻田+蛙"产业园进行"稻田+蛙"的种植养殖,每户从"稻田+蛙"产业园划出 3~5 亩园地进行种植养殖,由"稻田+"创新创业联盟技术人员进行技术指导。另一种方式是将小农户安排到"稻田+蛙"各联盟户进行劳动力输出务工,包括在稻田+蛙、稻田+虾、稻田+鸭以及劳务活动中,务工者可获取相应的劳动报酬。公司与每户签订产业发展协议书,建立发展台账,每一户小农户生产的优质农产品就地就近供应给机关和学校等单位,实现良性订单农业发展。

7.2.3 重"品牌"打造的"一二三产业同步推进"模式

该模式主要通过政府引导、部门联动、社会资本长线投资相结合的方式,新型职业农民以打造农业品牌为核心,实现种养殖业、加工业、乡村旅游业同步发展,带动小农户增收致富,以平江县加义镇杨林街村最为典型。

平江县加义镇杨林街村的新型职业农民积极响应县委、县政府生态立县和旅游旺县战略,依托山水田园和历史人文资源,大胆吸引社会实力财团参与产业发展,引进平江欢乐果世界农场项目,激活农村产业发展内生动力,做大当地农业品牌,助力小农户增收。2012 年开始建设以特色水果种植、山地生态散养、特色农产品加工、亲子主题活动和研学旅行结合、一二三产业同步发展的田园综合体,为小农户提供大量就业机会。

依托湖南农业大学、中南林业科技大学的科技支撑,新型职业农民精心选择砂梨、鲜桃、南方小樱桃等适生优品,建成了 2130 亩的特色水果产业园,探索出两种果业发展支持模式:一是面向有条件、有意向发展果业的乡村,提供建设特色水果园整体解决方案,从品种选择、规划整地、栽培技术到果品销售,进行全方位的支持;二是面向以家庭经营方式种植水果的小农户,免费提供技术培训和果品销售支持。依托平江县传统酱干产业优势,对中国地标产品平江酱干等农产品精深加工。以特色水果产业园和酱干精深加工为基础,配套建设了山顶童话木屋、乡村玩乐童营、农耕体验馆和自然教育学堂等多个研学旅行项目,为当地带来了巨大的客流。

7.2.4 做"特色"文章的"科技高效立体农业"模式

该模式以特色为亮点，提升农业科技含量，实行高效立体化农业生产，以浏阳市狮岩村临英富硒生态莲有限公司最为典型。

由新型职业农民创办的浏阳市狮岩村临英富硒生态莲有限公司突破传统，打造立体化、多元化农业项目"千亩荷田"，带动小农户开展生态套养。在一排田埂上种豆角，在下一排田埂上种丝瓜，既打造藤栽景色，又充分提高农用地利用率；中间稻田里种莲藕，再过半个月放鸭苗，福寿螺是莲藕的天敌，鸭子可以吃掉福寿螺，实现生物杀虫，大幅提高土地产出率、劳动生产率和资源利用率。该公司在生态套养、混养方面，实行基地与湖南省农业科学院、湖南农业大学合作，建立"产学研"综合体，创造出荷田套养甲鱼、草鱼、鲫鱼，水面混养水鸭、洋鸭等综合利用荷田的立体生产模式，使得单位面积产量和质量大幅提高，为乡村妇女提供信息、技术、销售等就业岗位，培训小农户并安排到基地务工，从事割莲蓬、剥莲子、抽莲芯、成品分拣及收晒包装等力所能及的工作。

7.3 新型职业农民乡村产业发展的问题

新型职业农民发展乡村产业受诸多因素影响，很多想做大做强乡村产业的新型职业农民，因土地、资本、人力、技术和服务等农业生产经营要素的制约而停滞不前，甚至半途而废。

7.3.1 乡村产业发展组织弱

深入到乡村调研座谈，谈及乡村产业发展最难的问题主要表现在，有些新型职业农民、小农户反映，乡村产业发展中，存在没有得力的村级组织、没有整体规划和没有统筹推进思维的问题，让新型职业农民、小农户难以找到得力、温情、团结的组织。敢想、敢说、敢做、敢当的村党支部书记较少，有些村党支部第一书记责任心有待加强，对小农户提出的问题关注不够，小农户寻求解决的问题没有得到解决，主要原因可能是不懂农业想不出办法，或是对农村农民情怀不深而不努力想办法等。

7.3.2 乡村产业发展条件差

有些新型职业农民反映，到了春耕生产时期，虽然新型职业农民急需劳动力，可是苦于难觅最佳人选，留在本村的可雇人员不是劳动能力有限的小农户，就是身患重疾的小农户，劳动用工没有得到根本保障，乡村产业发展受到严重制约。

特别是我国丘陵地区农村地形地貌特征明显：山地多，平地少；小田多，大田少；旱田多，水田少。这限制了很多农村实行全程机械化农业生产。从所调研的农村发现，乡村产业发展基础设施落后，57.6%的新型职业农民反映没有投入基础设施建设，水、电、路不通率在30%以上，58.2%的新型职业农民反映没有落实水电价格政策，很多水库年久失修，即使政府出资修建好的水库也没有发挥灌溉作用，造成水资源严重浪费。有个别村的水、电、路则由新型职业农民创办的公司全额出资拉通；农业机械化难度大，农业机械化率在20%以下；务农农民老龄化严重，老龄化率为48%；劳动力成本高昂，日工资为120~150元；农田荒芜率在70%以上，尚未荒芜的30%以下的农田一般是在公路两旁，而在偏远山地看到的农田景象是：杂草丛生，树林茂密，田埂已被杂草淹没，农田已变成公路、宅基地、旅游点和养殖场。从事乡村产业的部分新型职业农民生产农产品仍然使用农药、化肥等农业投入品，造成农产品质量不高，土壤被严重破坏。这些因素都很大程度上制约了乡村产业的组织化、规模化、专业化和集约化发展。还有的县市农村养老保险政策不切实际，存在"3860"问题，即妇女和年满60周岁的老人存在买保险难的问题。

7.3.3　乡村产业发展土地难

调研显示，36.3%的新型职业农民反映政府部门没有落实土地流转政策。不少新型职业农民反映，一部分农民文化素质较低，法律意识薄弱，土地使用权与所有权不分，少数村干部协调能力不强，农民思想工作做不通，而农民宁愿自家土地不耕种，或抬高地价难以租赁，土地出让金高达每亩10多万元，有些偏远农村的土地流转价格达每亩1000元以上，而一般土地流转价格是每亩200~400元，没有土地流转补助，致使土地难以流转给新型职业农民。调研发现，即使农民愿意流转土地，而我国丘陵地区的农村很多农田分散性大，难以集中成片流转，因而无法扩大农业生产规模，难以从整体上做好土地规划和经营管理。还有部分新型职业农民反映，随着乡村产业发展规模扩大，对仓库和加工车间等辅助设施用地及牲畜圈舍等生产设施用地需求相应增加，由于交不出每亩10多万元的土地出让金，设施用地难以落实而无法建设，严重阻碍了新型职业农民发展乡村产业。

7.3.4　乡村产业发展成本高

调研显示，尽管新型职业农民均在努力发展乡村产业，但最困扰的是发展乡村产业需要投入大量的资金，资金是新型职业农民发展乡村产业最急需的关键因素，占 64.6%，资金紧张是新型职业农民发展乡村产业的最大瓶颈。以发展养猪产业为例，某新型职业农民依托丘陵山林优势，开办家庭山地养猪场，经营家乡茶香猪养殖，在土地、圈舍修建、水电管线等基础设施设备，日常生产管护，猪苗、猪饲料购买等方面投入 20 多万元。因资金回笼期长，投资成本短期内难以收回，而新型职业农民本身经济实力弱，资金周转短缺或失灵。特别是在遭遇自然、市场和疫情三大风险时，农业政策性保险覆盖面窄、保费低，完全不够弥补种养殖所受的灾害损失。新型职业农民普遍感到，贷款难度大，贷款手续烦琐，如某新型职业农民 2016 年贷款 50 万元，政府贴息率为 30%，但在 2017 年进行续贷时，需要重新办理手续，而且续贷门槛很高，只能望而却步，难以为乡村产业发展提供有力支持。据某乡村一位新型职业农民说："一片果园，若不改善土壤，一味地在果树上花心思，也结不出什么好果子。即使有条件安排小农户就业，这种方式对小农户而言也只能是解一时之急，真正能让小农户增收致富的是其思维的改变和勇敢尝试的精神。"

7.3.5 乡村产业发展技术缺

调研显示，新型职业农民发展乡村产业对产加销技术的需求情况大不一样，特别需要种植技术和销售技术，其中种植技术占 30.4%，养殖技术占 21.9%，加工技术占 11.1%，销售技术占 36.6%。在问及教育培训类型时，41.5% 的新型职业农民选择了生产技术类，其次是经营管理类。在问及教育培训方式时，83% 的新型职业农民选择了不定期技能培训。大部分新型职业农民反映，其不了解乡村产业发展政策，也没有接受过系统的农业类专业学习，在乡村产业发展初期缺乏农业专业技术知识，导致生产经营管理粗放，农产品特色不明显，运营模式技术含量低，市场供需信息分析力弱，农产品销售渠道局限单一，难以适应现代农业生产和经营管理。还有部分新型职业农民反映，没有做到因时、因人、因地制宜开展新型职业农民培训，导致培训生源组织难、参训率低，培训效果不佳，培训资源遭到浪费。

7.3.6 乡村产业发展服务弱

有部分新型职业农民反映，没有参与政府政策法规或制度机制的制定，有些政策法规、制度机制难以满足新型职业农民发展乡村产业的实际需要。还有部分新型职业农民反映，政策信息宣传不到位，新型职业农民获取信息渠道不通畅，不能及时了解强农惠农富农政策，扎实做乡村产业的新型职业农民不知晓农业项目申报信息，有些农业项目在基层政府推荐不出去。有部分新型职业农民反映，因不能及时掌握项目申报信息或不会做项目申报材料或不让申报农业项目等原因，没有获得政府奖补。

7.4　促进新型职业农民乡村产业发展

从调研情况看，各地新型职业农民对发展乡村产业信心百倍，均取得了一定的成效，但在乡村产业发展过程中也面临着不少困难和问题，并提出了一些很实际也很实用的意见或建议，希望政府有关部门落地、落实、落细，为乡村振兴战略实施提供强有力的乡村产业支撑。

7.4.1　强化乡村产业发展组织

前述新型职业农民乡村产业发展模式的形成及其效果都得益于基层领导力量的强大。实践证明，深入挖掘乡村的产业资源，打造特色的产业富裕村，必须依靠强有力的基层领导力量，发挥其引领带动作用。建议农业农村、乡村振兴等部门帮助村集体统一规划，打造乡村产业特色，集中经营管理，让各家各户有产业，先富村，再富民，做好大产业，带好小产业，推动乡村的产业发展。同时实施乡村产业发展行动计划，挑起产业发展"大梁"，打好打赢产业发展持久战。建议组织部门创新基层领导干部配备方式和建立激励保障机制，选好一批有责任心、有思路、有行动的基层领导干部，加大农业类大学生、硕士生和博士生的选调力度，将其充实到基层干部队伍中，注重选好一支以新型职业农民为主体的敢想、敢说、敢做、敢当的"四敢"村党支部书记，配好懂农业、爱农村、爱农民的"一懂二爱"村党支部第一书记。通过村党支部第一书记的指导和村党支部书记的带领，同心协力打造特色村集体，以此盘活劳动力、土地、资本、企业家才能等生产要素资源，以村集体为中心，让整村成为一个乡村产业振兴主体。

7.4.2　改善乡村产业发展条件

新型职业农民发展乡村产业所需具备的基本要素是土地、水源、电力、道路、设施和资本。从土地来看，新型职业农民最希望土地由村支两委统一管理、统一流转，严格执行土地使用权与所有权分开，以"整村流转"为目标发展规模农业，流转租金由小农户所有，由村支两委与小农户和新型职业农民签订三方土地流转合同，自然资源和农业农村部门具体负责土地流转合同的监督执行，建议自然资源和农业农村部门出台"关于规范乡村土地流转的意见"，明确土地流转权属、方式、用途、价格、补贴和责任。依法采取"先交后补"方式缴纳土地出让金，即在收取部分土地出让金后，将其大部分作为奖补给新型职业农民发展乡村产业，发挥新型职业农民的带动和示范作用，带动更多普通小农户发家致富，增进农村社会和谐稳定。从水源来看，新型职业农民发展乡村产业最需要的是蓄水池塘、水库等水源地，建议水利部门出台"关于保护利用乡村水资源的意见"，安排专项资金对年久失修的水库进行全面维修，并建立库长制，监管水库的保护和利用。从电力来看，新型职业农民发展乡村产业亟须解决电力问题，建议电力部门出台"关于加强乡村电力建设的意见"，重点明确对新型职业农民发展乡村产业提供电力支持的具体举措。从道路来看，新型职业农民在山林地带发展乡村产业，修建道路是一项系统工程，建议交通部门出台"关于优先修建乡村产业发展道路的意见"，优先修建砂石道路，硬化沙土路，为新型职业农民发展乡村产业提供便利之路。从设施来看，农机设备、污水处理系统、智能钢架大棚、农用车等是当前我国丘陵地区农村发展乡村产业最需要的硬件设施，建议农机、环保、自然资源、农业农村部门出台"关于加强乡村产业设施建设的意见"，尤其要规定新型职业农民规模化种植和养殖的附属设施用地规模，修建农产品晾晒场、仓储、农机库棚等生产设施用地和附属设施用地，对于500亩以下的，附属设施占地面积不超过5亩；对于500亩以上的，按1%的比例安排附属设施用地，且均不收取土地恢复保证金等费用。对农民合作社规模化种植和养殖的附属设施用地在规定范围内，适当收费办理农用土地证审批手续，对超出规定范围的，依法依规办理农用地转用和使用土地审批手续。严禁农产品、农业废弃物乱堆乱放，其作为乡村环境整治的重要措施来抓。从资本来看，解决农村养老保险问题，符合企业职工基本养老保险条件的新型职业农民以个体身份参加企业职工基本养老保险，即以上年度全省在岗职工月平均工资的60%为缴费基数，缴费率为20%，其中新型职业农民个人缴费8%，财政补贴12%；解决土地保险问题，每亩土地为15元保险费，其中新型职业农民缴3元，财政补贴12元；解决种养产业综合保险问题，为新型职业农民从事种养产业提供风险保障，开办特色产业保险品种，新型职业农民带动小农户参保。要实现农业政策性保险品种和范围全覆盖，提高新型职业农民发展产业抵御风险的能力和水平。

7.4.3 加强乡村产业技术培训

农业农村部门要以新型职业农民发展乡村产业技术需求为导向，因时、因地、因人实施新型职业农民培训，坚持产业技术培训与素质教育培训相结合，将素质教育培训落到实处。正如一位新型职业农民所言："把农民的素质教育培训搞好了，不仅能把产业做好,而且能把农民的素质提升一个台阶。"在培训规格上,创新采用"课堂培训+生产实践+观摩学习+跟踪服务"模式,进一步强化参与式、实作式和体能智力拓展培训,不仅要利用本土人才资源"现身说法",而且要从大专院校请来产业技术权威专家进行精准产业技术扶持与培训。在培训时间上,要错开农忙时节,将培训时间安排在 1~2 月、4~6 月等农闲季节。在培训内容上,要在新型职业农民中深入调研,牢牢把握新型职业农民对产业技术的需求情况,结合产业特点和实际,科学合理地确定培训对象和培训内容,而且要以专题培训为主,辅之以综合培训,做到因地制宜分层培训、因人制宜分类培训,以故事的形式直观、通俗地传授理论和实践知识。同时要像组织部门抓党建工作一样抓农业技术示范基地和农民田间学校建设,既要为基地和学校挂牌,又要为基地和学校正常运行给予每年 0.3 万~0.5 万元的资金支持,为开展培训提供必要的设备设施。建议农业农村、乡村振兴等部门深入乡村人口当中开展调研,摸清乡村人口对知识、技能和技术的需求,帮助乡村选择好与本地资源禀赋相匹配、市场前景好、发展空间大的产业,组织实施乡村产业技术培训工程,可将有一定文化基础、有强烈培训意愿的小农户优先纳入新型职业农民培育对象,有针对性地开展创业就业等各类技术技能培训,努力将其培育成爱农业、懂技术、善经营的新型职业农民,增强其质量兴农、绿色兴农的意识,引导其尊重自然规律,坚守环保理念,坚守可持续发展思维,让诚信生产经营产业融入小农户脑海中。在创业就业和产业发展等方面给予重点扶持,重视优化产业发展引导和加大农业项目监管过程,及时调整不科学项目,加大农业科技扶持力度,实现农业与科技结合、农机与农艺融合,整合农业科技要素,出台农业科技扶持产业发展政策,鼓励新型职业农民引进农业新品种、新技术、新设施,建议农业农村、乡村振兴等部门主动引导新型职业农民起到带头、示范和帮扶作用,引领其开阔视野,大胆尝试,依托国家政策扶持和当地政府支持,发挥产业致富的主观能动性,帮助其选择适合的农业生产经营项目,带领小农户共富,调动适度规模经营的大农户投身产业发展的积极性,并结合县情、农情实际,掌握千千万万小农户的产业扶持需求,制定扶持小农户产业适度规模发展政策,在粮食主产区鼓励引导土地自由流转形成大农户,发挥适度规模优势,在粮食非主产区,支持小农户与现代农业发展有机衔接,促进农村产业集约化、规模化发展,为农业插上科技腾飞的翅膀。

7.4.4 优化乡村产业发展环境

乡村产业发展环境是一个大系统,涉及方方面面,涉及各个环节,新型职业农民领办、兴办农业企业发展乡村产业要经历开办、运营、维护、提升等多个流程，每个流程均有需要政府办理的事项，新型职业农民期待的就是要办理便利化。要做到这些，政府部门要为新型职业农民发展乡村产业排忧解难，加大帮扶力度，要在每个流程上、每个环节上为新型职业农民发展乡村产业开道，做到办事便利，降低准入门槛，优化办理流程，简化办理手续，减少办理材料，压缩办理时限，形成以"材料、表格共享、共用"为特征的全新办理模式，提交"一套材料"，填写"一份表格"，即可"完成多个事项"。为此，政府要着力加快构建乡村产业发展公共服务平台，为新型职业农民发展乡村产业牵线搭桥，提供销售渠道和市场信息。同时新型职业农民要积极配合政府办理事项，让新型职业农民足不出户就一次办完各类事项，从而为新型职业农民发展乡村产业营造便利快捷的环境，努力形成政府、新型职业农民、社会"各司其职、各尽其责"的良好工作格局，让新型职业农民放心销售农产品，走出一条有效益、有盼头、可持续的现代乡村产业发展之路。

新型职业农民发展乡村产业，是以生产高质量的农产品为宗旨的，辅之以从事农业休闲、农业康养等其他农业活动，以此发挥农业的多功能效应。新型职业农民无论从事何种农业活动，都必须把生态效益摆在第一位，由此产生良好的社会效益和经济效益。因此，要着眼优化公平公正的市场监管环境，建立新型职业农民发展乡村产业以信用承诺和信用公示为特点的新型市场监管机制，实施严格的惩罚制度，禁止新型职业农民使用含有对人体有害的重金属的生活垃圾生产的有机肥，从源头上限制重金属肥料污染土壤，加大无残留生物农药使用力度，让新型职业农民放心生产农产品。对新型职业农民从事农业活动的不正当行为，要依法依规依程序从严从快处理，确保新型职业农民诚信开展农业生产和经营活动。

要进一步构建亲清新型政商关系，健全新型职业农民参与政府制定乡村产业发展政策法规的机制，让新型职业农民领办、兴办农业企业发展乡村产业的心声有处可发、有力可使，要加大听取吸收新型职业农民的意见或建议的力度，激发和保护新型职业农民领办、兴办农业企业发展乡村产业的精神，增强他们高质量发展乡村产业的信心。改革农业项目支持条件，打破占地规模与投资额度的束缚，要根据乡村产业发展能力和潜力综合考虑农业项目的支持方向，保障新型职业农民申报各类农业项目的公平待遇，坚决查处滥用行政权力排除和限制农业项目竞争的行为，坚决杜绝不公平对待、搞地方保护等现象的存在和蔓延。

有些新型职业农民说："关于政府服务效率高不高，政府要给予新型职业农民充分的评价权，要让新型职业农民打分说了算，否则就是流于形式。"这从侧面反映了有些政府部门在对新型职业农民发展乡村产业的服务上还有很大的提升空间。通常认为，营造一个便利的高效服务乡村产业发展的环境，对于降低新型职业农民发展乡村产业的制度性交易成本，促进民营经济和农村经济发展具有极其重要的现实意义。因此,政府要科学建立并强化落实容错纠错机制,放手赋予当地干部办事权,让干部"敢作为、愿作为、主动作为",提高办事效率。要建立新型职业农民发展乡村产业的环境评价机制,制定相关的评价指标体系和评价办法,把新型职业农民发展乡村产业满意不满意、高兴不高兴作为一切工作的出发点和落脚点。要将走进农业项目、走进农业企业,解决农业问题、解决实际困难的"双进双解"作为高效服务的抓手和载体,在主动服务上下功夫,多倾听新型职业农民需要政府协助支持的是什么,对新型职业农民提出的合理需求,能办的要积极、快速地办,难办的要想方设法地办,实在办不了的要耐心地说服满意,及时就新型职业农民提出的困难和问题做出正确的回应和反馈,激发高效服务的"乘数效应",最大限度地发挥服务的效能。

此外,对于乡村产业发展贡献突出的新型职业农民,可优先推荐为各级乡村产业发展环境监督员、劳动模范、人大代表、政协委员、党代表、乡镇村领导的候选人,激发新型职业农民发展乡村产业的热潮。

第 8 章 新型职业农民民营经济发展

近年来,中共中央、国务院和地方党委、政府均出台了关于促进民营经济高质量发展的政策措施,充分体现了对民营经济发展的高度重视。为全面把握民营经济发展政策落实情况,本章以新型职业农民领办、兴办的民营企业作为调研对象,采取走访、座谈、访谈和问卷调查相结合的方式,重点就降低税费负担、缓解民营企业融资难融资贵、营造公平竞争环境、增强民营经济核心竞争力、构建亲清新型政商关系、维护民营企业合法权益、保障政策落地落实等七个问题进行详细调研,掌握了大量一手资料。从调研情况看,目前民营经济发展态势良好,但存在的问题仍然较多,亟须高度重视,着力推动问题解决,促进政策落地落细落实,为乡村振兴战略实施提供民营资本保障。

8.1 新型职业农民民营经济发展的问题

8.1.1 高效办事有难处

一些新型职业农民反映,基层政府工作人员对民营企业关注度不高,主要原因在于,基层政府各部门各有各的职能,而民营企业在其经营范围内都需要基层政府工作人员办事,都要受基层政府工作人员监管,但有些基层政府门难进、脸难看、事难办的现象还不同程度存在,也没有完全履行好为民营企业服务的职能,民营企业需要办的经营业务难以顺利快速办成。

8.1.2 政策执行有偏差

民营企业认为,上级政策好,顶层设计好,但在政策由上到下传导过程中就出现了偏差,上级顶层的利好政策到了基层难以实施落地见效。尽管国家规定审批部门不得要求企业提供《企业投资项目核准和备案管理办法》以外的前置审批材料(地方法律法规明确需提交前置材料且报国务院备案的除外),实现企业只跑一次甚至足不出户就能网上自行打印项目备案证明,但仍有一些基层政府审批部门没按上级的精神落实，企业投资项目备案仍需提交大量前置审批材料，甚至要跑多个职能部门签字盖章，几经折腾才能拿到备案证明，这无疑打消了民营企业干实业的积极性和信心。

8.1.3 保障措施有差别

从目前政策倾向看，国有企业和民营企业的差别较大。这意味着民营企业的竞争优势较弱，在资源获得、贷款获得、政策保障和发展环境等方面，民营企业处于弱势地位。特别是民营企业"运动式"推进较明显，尚没有长效机制作保障，制度、法律和政策信息难以对称，一定程度上制约了民营企业健康发展，也一定程度上挫伤了民营企业工作人员的积极性、主动性和创造性。

8.2 推进新型职业农民民营经济发展

针对上述民营企业发展存在的主要问题，为了加快民营企业发展，让民营企业成为经济发展的重要主力军，提出如下政策建议。

8.2.1 增强民营企业地位

作为我国国民经济中最具生命力的一个重要组成部分，民营经济已经成为支撑和推动经济增长的重要力量。推动民营企业顺利发展，首要解决的是通过一定的政策倾向让民营企业成为有奔头、有前景的企业，让民营企业工作成为有吸引力、有感召力的职业，让民营企业家成为有尊严、有话语权的人物。因此，出台民营企业发展政策，要全方位通盘考虑政策的顶层设计，要与相关法律法规的核心宗旨相匹配，确保政策的延续性、精准性和可操作性，而不能顾此失彼。

8.2.2 强化政府政策执行

从当前调研的情况看，阻碍新型职业农民民营企业发展的重要因素是政策宣传和执行偏离与走向，没有真正按政策一五一十地落地生效，其根本原因在于缺乏强有力的奖罚机制，没有形成基层领导执行合力和齐抓共管的工作格局。因此，要在现有政策的基础上，像抓粮食生产一样抓民营经济发展，像抓乡村振兴战略实施一样抓民营经济发展，与"乡村振兴战略规划"同步，尽快出台"民营经济发展规划"和具体的评价指标考核体系，成立民营企业政策落实巡视和督查小组，常态化地监督政策的执行情况，确保政策执行的保障机制和惩戒机制落实到位，让民营企业安心、放心和充满信心地发展民营经济。

8.2.3　进一步完善贷款制度

为实现民营企业贷款可得性，在贷款制度设立上，要尽可能地满足民营企业贷款需要。还有部分新型职业农民反映要改革贷款的续贷制度，增加中长期贷款的份额，取消机械化的贷款委托支付方式，减少贷款担保和审批手续，让贷款对民营企业支持更有实效性。进一步完善民营企业破产申报制度，积极扶持民营企业家发展民营经济。

第9章 加强和改进新型职业农民培育

新型职业农民是一群以农业为职业、具有一定专业技能、收入达到一定水平且主要收入源自农业生产和经营、具有创新创业意识能力的现代农业从业者。培育爱农业、懂技术、善经营的新型职业农民，是习近平对各级党委政府寄予的深情厚望，是实施乡村振兴战略亟须解决的一个重大教育、经济和管理问题。2012年以来，我国连续8个中央一号文件要求大力培育新型职业农民，由农业农村部牵头出台了一系列新型职业农民培育政策措施，全国新型职业农民队伍规模不断壮大。截至2020年底，我国新型职业农民总量已超过2000万人，而我国有近6亿农民，即便将来城镇化率在70%以上，也还会有4亿多农民，今后"谁来种养""怎样种养"必须依靠这些农民来实现，我国新型职业农民培育的任务还十分艰巨。

9.1 新型职业农民培育的做法

我国正式开展新型职业农民培育始于2014年，各地紧紧围绕现代农业发展和美丽乡村建设要求，准确把握国家新型职业农民培育工程项目实施精神，深入开展新型职业农民培育工作。

9.1.1 健全新型职业农民培育制度体系

调研发现，各地重点从三个方面健全新型职业农民培育制度体系。①强化组织保障，成立了由分管农业农村的副县长任组长，县农业农村、财政、教育、人社、政府办等县直单位负责人为成员的新型职业农民培育工作领导小组，审定《"十三五"全国新型职业农民培育发展规划》《新型职业农民培育年度实施方案》，解决新型职业农民培育实施中存在的重要问题，从组织层面推动新型职业农民培育工作的开展。例如，桑植县人民政府为支持此项工作，安排专项资金120万元全部拨付到位，因县级资金整合力度加大，县农业农村工作局积极做好县委县政府领导班子工作，最终获得用于新型职业农民培育的资金为300多万元。

②完善制度建设,结合本地实际建立了《新型职业农民教育培训管理办法》《新型职业农民认定管理办法》《新型职业农民培育扶持奖励办法》等制度,从制度层面确保了新型职业农民培育工作有序开展和规范运行。③搭建培育平台,充分利用各地的优质教育培训资源,严格认定了涉农院校、农广校、农业技术推广机构及一些民办职业培训机构作为新型职业农民教育培训基地。同时依托国家农业科技园区认定农民专业合作社、农业龙头企业、家庭农场等作为新型职业农民实训基地,开展实践实习和参观交流,提升新型职业农民的实践动手能力。

9.1.2 抓好新型职业农民教育培训

调研发现,各地紧紧围绕民族需求、产业需求和农民需求,强化针对性、规范性和有效性,不断提高新型职业农民教育培训的质量。合理遴选新型职业农民培育对象,结合区域内水稻、蔬菜、果树、特色经济作物和畜禽水产等重点农牧渔产业,建立新型职业农民培育资源信息库。在农户自主申报和村、乡推荐的基础上,坚持择优选用原则,重点从年龄在18~55岁、初中以上文化程度的种养大户、家庭农场主、农民专业合作社骨干、农业社会化服务组织成员中筛选优秀新型职业农民培育对象。精选新型职业农民培育师资队伍,根据《"十三五"全国新型职业农民培育发展规划》要求,制定了新型职业农民培育师资入库标准,建立了新型职业农民培育师资库,从中选聘一批具有中高级职称、理论知识和实践经验丰富的专业技术人员担任新型职业农民培育教师,传授农业技术、经营管理知识,从不同层次满足新型职业农民的教育培训需求。强化新型职业农民培育创新,在培育方式上,坚持"实际、实用、实效"原则,根据农业项目实施、农民专业合作社发展和新型职业农民发展所需创新培育方式。例如,桑植县利用"两个对接、两个结合"做好新型职业农民培育工作,即新型职业农民培育与产业对接,确定培训专业时与县主导产业发展相结合,新型职业农民培育与新型农业经营主体对接,确定培训主体时选定1~2个农业龙头企业或农民专业合作社与新型职业农民培育相结合。在培育内容上,均结合农业生产实际和农时季节,紧紧围绕粮食等主要农产品生产和促进农民增收的特色产业,分级分类培训。对生产经营型新型职业农民,开展全产业链技能培训,侧重于农业生产及管理技术、农产品市场营销和质量安全、相关法律知识等内容;对专业技能和社会服务型新型职业农民,侧重于实际操作技能,培训内容以主推品种、种养技术、测土配方施肥、农产品贮藏加工技术、农机操作及维修技术、沼气建设及维护技术等知识为重点,着力将良种良法推广、农产品质量安全、农业创业、农村经营管理、农村电商和银信贷款等符合需求的知识传授给新型职业农民,实现由单纯办班向综合课堂转变,由单项技术向多项技能转变。在培育模式上,注重采用参与式、启发式和互动式相结合,集中学习与实践指导相结合的培育模式,改变以往"输灌式"的教学模式,该培育模式很受新型职业农民欢迎。开展进村入户培训,采取送教下乡的方式,就近就地开展培训,强化跟踪服务,开展强强联合培训,培训机构和业务部门、涉农企业主动联姻,整合部门和企业的技术优势,为农民提供培训套餐服务,开展参与式培训,把培训班办到田间地头,吸引更多的新型职业农民主动参与培训,指导其进行现场操作,突出实践教学。

9.1.3 开展新型职业农民认定管理工作

调研发现,各地根据《新型职业农民认定管理办法》开展新型职业农民认定管理工作。明确认定条件,根据生产经营型新型职业农民的产业规模、收益水平和示范带动能力,建立初、中、高三个等级认定标准,严格依照相应条件逐级认定新型职业农民,对于生产经营型,以县级为主认定,对于专业技能型和社会服务型,主要开展农业职业技能鉴定;公开公平申报,根据农民个人申请、村乡初审、农业部门审核、公示公布等程序进行新型职业农民认定,做到公开公正、规范操作;实行动态管理,建立已认定的新型职业农民信息档案库,抓好跟踪管理和年度考核,考核不合格的,取消新型职业农民资格。

9.1.4 探索新型职业农民扶持措施

调研发现,各地从多个方面支持新型职业农民发展。在政策扶持上,各地根据《新型职业农民培育扶持奖励办法》,在农业生产补贴、用水用电、土地流转、金额信贷、农业保险等方面对认定后的新型职业农民给予扶持政策优惠。在以奖代补上,通过以奖代补方式,激励新型职业农民发展产业。例如,花垣县新建湘西1号烤房的,每栋补贴4000元,新开发茶园每亩补助2000元,存栏湘西黄牛母牛50头以上的,给予1万元奖励,存栏100头以上的湘西黄牛母牛,给予2万元奖励,最高奖励5万元,家禽饲养规模达1万羽以上的,按每羽5元给予一次性奖励等。在技术扶持上,各地建立了农技人员帮扶指导新型职业农民制度,县乡农技员与新型职业农民结对挂钩,为其提供技术跟踪服务和产销信息,并将帮扶指导的成效与农技员的年度目标考核挂钩。各地在项目扶持上,将粳稻百亩示范、稻田养鱼示范等一些农业试验示范项目向新型职业农民倾斜。在认证扶持上,各地指导新型职业农民成功申报创办家庭农场,享受省级相关扶持政策。在培训扶持上,各地整合各类培训项目对新型职业农民实行免费培训。

9.2 新型职业农民培育的成效

从调研情况看,各地近年来积极开展新型职业农民培育工作,取得了明显成效,为乡村振兴提供了人才支撑。

9.2.1 新型职业农民素质得到提高

据对新型职业农民的调研,通过参加新型职业农民培育,新型职业农民掌握了新技术和现代农业生产经营理念,提高了生产技能,激发了工作热情,增加了创业信心,特别是很多新型职业农民的农业发展观念有了很大转变,新型职业农民的科技文化意识、实用技术和经营管理水平都有明显提高,新型职业农民真正成为农业生产的佼佼者和带头人。例如,桑植县河口乡懂市村的覃杰带领村民开发种植茶叶生产基地,收集村民的茶叶进行加工,集种植、加工、销售于一体,在乡域内起到明显的示范带动作用,2018年参加湖南省湘茶杯首届手工茶制作大赛,获得"优秀工匠"和"湖南省五一劳动奖章"称号;桑植县陈家河镇蔡家坪村的蔡家化注册的番碧乐家庭农场,种植200多亩蔬菜、百合、玉米、猕猴桃,年利润为20多万元;桑植县桥自弯乡李家垭村的徐作雄注册的桑植县楚山阔中药材种植农民专业合作社,种植中药材面积200亩,产值40多万元。

9.2.2 新型农业经营主体进一步发展壮大

据对新型职业农民的调研,通过对新型职业农民培育和扶持,新型职业农民不仅有了现代农业发展理念,综合素质和农业生产经营能力也得到了普遍提高,有的办起家庭农场,成为家庭农场主;有的扩大规模,成为种养大户;有的领办农民专业合作社,以种养大户、农民专业合作社、农业龙头企业及家庭农场为代表的新型农业经营主体快速发展。例如,截至2019年6月底,花垣县州级以上农业产业化龙头企业有15户,其中省级2户,规模农产品加工企业13家,发展各类农民专业合作社570多家,其中省级示范社5家,家庭农场131户;桑植县现有44家市级重点龙头企业,新增省市级农业龙头企业7家。

9.2.3 县域主导特色产业全面发展

据对新型职业农民培育主管部门和实施部门的调研,其围绕主导、特色产业培育新型职业农民,使主导、特色产业的专业化、标准化、规模化、集约化水平得到普遍提升。同时通过新型职业农民的示范和带动,其他农民发展产业的积极性和生产水平也相应得到提高,县域农业农村经济发展活力明显增强,农业产业化经营日新月异。例如，桑植县茶叶、蔬菜、中药材、大鲵、蜜蜂等产业的标准化、规模化、集约化水平得到普遍提升，逐步注册打造统一的"桑植萝卜""桑植白茶""桑植蜂蜜""桑植魔芋"等农业品牌；截至2019年6月底，花垣县形成优质稻8万亩、烤烟3.4万亩、蔬菜8万亩、水果8万亩、中药材1万亩、茶叶0.4万亩、优质蚕桑0.3万亩和湘西黄牛近2万头、鲟鱼30万尾、乳鸽50万羽等特色种养产业，涌现出了湖南德农牧业集团有限公司、兴盛供销有限责任公司、苗汉子野生蔬菜开发专业合作社、花垣五龙农业开发有限公司等一批投资规模大、带动力强的农业龙头企业。

9.3 新型职业农民培育的问题

通过对我国新型职业农民培育工程实施县的持续跟踪调查发现，各地在新型职业农民培育过程中还存在一些问题，主要表现在以下方面。

9.3.1 培育工作的主体不健全

目前开展新型职业农民培育工作的牵头部门是各级农业农村部门，同时涉及财政、教育、科技、文旅、人社等相关职能部门。当前主要是农业农村部门组织实施农业职业技能培训，教育部门尚未全面施行新型职业农民学历教育，牵头部门与相关职能部门间尚未形成整体合力，全方位、多层面、宽口径开展新型职业农民培育工作的集聚效应尚未产生，难以开创新型职业农民精准培育大格局。

具体来说，一是管理机构单一。在顶层设计及组织实施等方面，在中央层面目前基本上是农业农村部在唱"独角戏"，其他部门尚未将新型职业农民培育管理工作列入重要议事日程；在地方层面大部分县具体由农业农村科教管理部门负责，这些单位一般仅配备1~2名工作人员，却要承担农业新技术新品种引进推广试验示范、农业技术培训、农业转基因生物安全监管、农业信息入户和农业技术服务等多项工作，新型职业农民培育质量监管很难到位，各地多部门联合开展新型职业农民培育工作的格局亟待完全形成。二是培育实施机构单一。培育工作的主体是县级农广校和民办培训机构，还有少数的农民专业合作社、农业企业和科研院所，其拥有的教育培训资源和教育水平十分有限，而教育资源丰富、师资队伍较强的全日制高、中等农职院校和农业本科院校尚未占主导地位。三是评价机构单一。目前大部分实施县采取管理和培育不分离的方式，尚未引入第三方机构对管理机构和实施机构进行新型职业农民培育的质量评价，仍然由管理机构对实施机构进行项目验收，难以反映出真实的培育效果，难以体现出财政资金的培育效应。

9.3.2 培育实施的环节不精准

在调研过程中听到很多新型职业农民反映，培育实施机构在培育方式、培育时间和培育内容的安排上精准性不够。在培育方式上，大多数培育课堂仍然采取"教师讲、学员听"的传统授课方式，不利于学员接受知识，难以调动学员带着农业生产问题听课的积极性和主动性，导致课堂的到课率和听课率都较低；在培育时间上，由于农业农村部基本上每年下达新型职业农民培育任务的时间在上半年末左右，而要求完成培育任务的时间是当年年底，县级新型职业农民培育实施机构的培育时间只有短暂的 3 个月左右，这段时间正是秋冬收获的季节，新型职业农民无暇参加培育，而是忙于秋冬收割，导致培育时间与农产品收割冲突，因而县级新型职业农民培育实施机构只能草草完成培育任务，没有收到理想的培育效果，严重浪费了国家财政安排的新型职业农民培育资金；在培育内容上，大多数新型职业农民培育实施机构尚未在深入农村对新型职业农民进行全面需求调查研究的基础上，根据新型职业农民"缺什么、补什么""分层次、分类别"的原则设计培育内容，而是笼统地向所有新型职业农民传授同样的内容，有些新型职业农民由于对培育内容不感兴趣，即使进入了培育课堂，也是心不在焉，势必影响了新型职业农民农业从业的有效时间。

9.3.3 培育服务的政策不配套

尽管国家出台了新型职业农民培育基地认定办法，但尚没有后续的跟踪管理措施，导致一些培育基地申报的积极性很高，但真正扎实深入开展新型职业农民教育培训的积极性很低。近年来，我国针对新型职业农民培育出台了系列政策，但这些政策落地的"干货"较少，针对性和可操作性亟待加强，在地方执行到位非常难，特别是很多地方还将新型职业农民培育专项资金与其他资金整合使用，导致农业农村管理部门的意见非常大，大大打击了开展新型职业农民培育工作的积极性，甚至有的地方农业农村管理部门不再承担新型职业农民培育工作。部分受调查的新型职业农民还反映，目前新型职业农民培育基地对他们的跟踪服务都浮于表面，很多农业生产实际问题都得不到及时解决。由于国家尚未将跟踪服务、绩效评价、培育立法纳入新型职业农民培育制度建设中来，难以从制度上全面保证新型职业农民的高质量发展。

9.4 优化新型职业农民培育

针对当前我国新型职业农民培育工作存在的主要问题，亟待从两个方面进一步重视优化新型职业农民培育。

9.4.1　进一步拓展健全新型职业农民培育的主体和平台

要整合全社会培育资源,构建牵头部门、相关职能部门、高中等涉农院校、农业科研院所、农民专业合作社、专业技术协会、龙头企业广泛参与支持的新型职业农民培育体系。

具体来说,一是推进实施农业院校新型职业农民学历教育工程。由教育部门牵头,支持中高等农职院校、农业本科院校成立新型职业农民教育学院(系),重点推进实施新型职业农民学历教育工程,组织、教育、农业农村、财政和人社等相关职能部门,在充分调研的基础上,制订农业院校实施新型职业农民学历教育的方案。实行自主招生,注册免试入学,每村选派3～5人进行分层次、分类型免费接受学历教育,所需学费由各级财政解决,农民自己解决生活费。二是构建新型职业农民联合培育共同体。农业农村部门要联合组织、教育、人社等相关职能部门全面整合培育资源,形成"村社+园场+企业+培育机构"的联合培育模式。按照不同岗位进行分级分类培育,对生产经营型新型职业农民,开展产前、产中、产后农业技能培训,侧重于提升其农业生产、经营和管理能力;对专业技能和专业服务型新型职业农民,侧重于提升农业专业技能和农业社会化服务能力,不定期进行新型职业农民农业从业岗位所需要的继续教育培训;对创新、创业、创意("三创")型新型职业农民,侧重于从"三创"层面创造性开展培育,让其掌握"三创"技能,开发农业新业态,提升农业新动能。三是设立新型职业农民培训入户入村项目。由农业农村部门牵头,大力实施农业科技入户工程项目、基层农技推广补助项目等农业科技进村项目,实现专业与产业对接、教学过程与生产过程对接、教学内容安排与新型职业农民实际需求紧密结合、新型职业农民培育与现代农业产业可持续发展的一体化推进,同时农业农村部门要在当年年初或上年年底安排新型职业农民培育任务,避开农忙时节,消除"赶集式"的培育,有效开展培育工作,确保培育质量,做到新型职业农民培育实施环节精准,最大程度地满足新型职业农民的需要。四是搭建新型职业农民远程教育平台和知识分享空间。运用"互联网+培育"模式,围绕新型职业农民急需的农业种植、养殖、加工、农产品贸易和农村电商等技术,实现在线学习与在线技术咨询相结合、共享教学资源信息与开发网络学习资源相结合,不断满足新型职业农民多样化和个性化的学习需求,让新型职业农民终身接受学习和训练,为推进农村一二三产业深度融合提供技术支撑。

9.4.2 进一步完善新型职业农民的认定办法和扶持政策

具体来说,一是出台"新型职业农民评定考核管理办法"。由人社部门牵头,实行统一考核、星级评定和荣誉扶持。可以分5星级、4星级、3星级三个等级,考核在前1/10者定为5星级新型职业农民,进行表彰和重奖,并在项目扶持上进行倾斜支持,使农民学有榜样、赶有目标、干有人帮;考核在前1/3者评为4星级;考核在前1/2者评为3星级。对达标者及时增补,对不达标者及时进行淘汰。通过实行优胜劣汰,不断充实完善新型职业农民队伍,达到滚动发展的目的。同时,由各级党委政府、群团机构组织开展优秀务农农民评选活动,重点推荐新型职业农民评选人大代表、政协委员、村支两委干部、劳动模范等,让农民感受到农业的希望、农民的体面、农村的伟大,激励广大农民争当新型职业农民,触动广大农民工自觉返乡做新型职业农民,积极投身农业建功立业,营造全社会关注和支持务农农民比学赶帮的良好氛围。二是制定"新型职业农民技术职称评审及专家评聘管理办法"。由人社部门牵头,将新型职业农民技术职称评审纳入农业系列职称评审范畴,定期对新型职业农民的农业从业情况、农业技能水平、农业创业能力和农业辐射带动能力等进行科学评定,并予以针对性指导。对达到一定农业职业水平的新型职业农民,可申报参评农业系列初高中级职称,对于通过技术职称的新型职业农民,可享受与体制内专业技术人员同等的在岗和退休待遇,对符合条件的新型职业农民,可评定为农民技术专家,并建立新型职业农民专家库,可从中抽调新型职业农民专家从事农业技术指导等工作。三是制定"新型职业农民培育跟踪服务管理办法"。县级农业农村管理部门成立以分管县领导为组长的新型职业农民培育跟踪服务领导小组,发挥好新型职业农民培育跟踪服务工作平台作用,通过"精准式服务"与"多极化服务"两种方式服务新型职业农民农业生产和经营,将新型职业农民"扶上马、送一程"。"精准式服务"是在基层农技推广队伍中,遴选一批技术人员与新型职业农民对接,实现从产业发展规划制订、生产布局、模式组装到生产中的技术指导、产品贮藏、加工、市场信息、产品营销等各环节的服务。"多极化服务"是利用移动互联农技推广服务云平台、农信通、农业科技网络书屋等信息化服务手段进行服务。四是出台"新型职业农民社会保障及金融服务管理办法",由人社部门牵头,成立新型职业农民发展基金,赋予新型职业农民与城镇职工同等的社会保险、社会救助、社会福利、优抚安置、社会互助等社会保障待遇;建立财政资助的农业专项贷款体系,简化新型职业农民农业从业贷款手续和降低门槛,实行农业保险全覆盖,免除新型职业农民的后顾之忧,让新型职业农民拥有如同体制内干部一样的"工作证",进一步稳定新型职业农民队伍。

第10章 "互联网+"背景下新型职业农民群体终身学习

终身学习理念自20世纪兴起并得到世界范围内普遍认可后，各国在终身学习的研究和实践中逐步形成了较为完善的体制机制。我国的终身学习事业虽起步较晚，但自党的十八大提出积极发展继续教育，完善终身教育体系，建设学习型社会的战略任务以及《国家中长期教育改革和发展规划纲要（2010—2020年）》提出到2020年基本形成学习型社会这一目标（高向杰，2017）以来，在政府宏观政策的推动下，各级各类组织机构不断创新，通过在顶层设计、政策制定、体系构建以及经费保障等多个领域的不断摸索，已经形成了基本覆盖全民的终身学习服务系统，为全民提供了更为多样化的学习形式和参与机会。同时，我国在终身学习组织体系建设、学习内容建设、资历框架设计及相关立法研究等多项理论研究方面，都取得了有影响力的成果。例如，张伟远和傅璇卿（2013）基于香港搭建终身学习立交桥的实践研究，即资历架构，提出搭建资历架构的七大任务，为我国终身学习体系的系统化构建提供了指导；詹青龙等（2015）在构建终身学习的学习型社会中，从媒介环境学视角提出信息化环境下终身学习的方式可以是非正规团体式学习、非正式移动性学习、非正规实践交互以及非正式虚拟训练；王晓晨等（2017）认为开放教育资源为终身学习和教育公平提供了可实施的途径；高向杰（2017）从我国的终身学习缺乏质量保障机制这一问题出发，借鉴日本终身学习社会的构建的经验，提出我国提升终身学习质量的举措，有效地指导了我国终身学习实践探索。不难发现，组织机构的创新实践和理论研究的切实指导，为我国的终身学习的可持续发展，发挥了巨大推动作用。

在全球化、信息化加快发展的时代背景下，发展终身学习已经成为提升全民生活品质的重要途径，也是实现社会可持续发展的动力源泉。需要认识到，一方面，由于社会变革和知识更新，原有的各类职业群体的专业化发展路径发生变化的同时，还出现了一批适应崭新社会需求的新型职业农民群体，亟待针对这部分群体开展终身学习专项研究；另一方面，信息技术在终身学习领域的应用，为终身学习的途径和方法提供了更多可能，这也需要通过系统化的科学研究以指导信息技术环境下的终身学习实践。本章所关注的"互联网+"背景下新型职业农民群体终身学习现状，正是着眼于这一时代背景下特定群体终身学习的实证研究。

2017年，习近平在党的十九大报告中指出，农业农村农民问题是关系国计民生的根本性问题，必须始终把解决好"三农"问题作为全党工作重中之重（习近平，2017）。已有研究和实践发现，随着我国城镇化进程的加快，我国现有的农业劳动力已很难适应社会发展。由此，新型职业农民群体的出现，是促进我国现代农业发展、巩固我国农业基础地位的关键。早在2012年，农业部就发布通知，在全国范围内开展新型职业农民培训；2017年，农业部印发《"十三五"全国新型职业农民培育发展规划》，提出"到2020年新型职业农民队伍不断壮大，总量超过2000万人"。可见，传统意义上的农民已经不能满足时代发展的需要，新型职业农民有着针对性较强的科学技术和专业学习诉求，正是这一差异化，使得新型职业农民的培育呈需求精准化、内容多样化、形式新颖化等特点。

"新型职业农民"的提出是一个渐进发展的过程。1999年有关文件中提出新型农民应"觉悟高、懂科技、善经营"；2005年，党的十六届五中全会提出，要培养"有文化，懂技术，会经营"的新型农民；2006年中央一号文件以及党的十七大报告沿用这一说法；2010年中央一号文件提出了"创业能力"的新要求，丰富了新型农民的内涵；2012年中央一号文件中，"新型农民"被"新型职业农民"代替，明确提出"大力培育新型职业农民"。新型职业农民的概念由此提出。习近平2017年指出，新型职业农民具备三个特征，即"爱农业、懂技术、善经营"[1]。

关于新型职业农民的定义，研究者从不同视角提出了差异性的观点。本章采用任玉霜（2016）的观点，即新型职业农民是在土地流转的基础上，打破户籍制度，以农业产业链为基础，以新型农业经营主体为平台，以农业经营为主要收入来源，把务农作为终身职业的新型市场主体。目前普遍认为，新型职业农民具体区分为生产经营型、专业技能型以及社会服务型三种，其中，生产经营型新型职业农民是以家庭生产经营为基本单元，充分依靠农村社会化服务，开展规模化、集约化、专业化和组织化生产的新型生产经营主体；专业技能型新型职业农民是在农业企业、农民专业合作社、家庭农场、专业大户等新型生产经营主体中，专业从事某一方面生产经营活动的骨干农业劳动力；社会服务型新型职业农民是在经营性服务组织中或个体从事农业产前、产中、产后服务的农业社会化服务人员。

我国学术界是从2012年中央一号文件提出"大力培育新型职业农民"之后，逐渐关注这一群体的终身学习研究。从中国知网近年收录的核心期刊研究文章的

---

[1] 《培育新型职业农民 实现乡村全面振兴》，https://m.gmw.cn/baijia/2020-05/06/33804023.html[2020-05-06]。

数量变化，可以清晰地看到这一趋势特点。从2008～2018年的核心刊物收录的相关研究文献分析，2008～2011年四年间仅有8篇相关领域研究；2012年有21篇；2013年收录121篇。可见，经过国内试点启动新型职业农民培育工作，这一议题逐渐成为研究热点。2014～2015年，相关文章收录达286篇和451篇；2016～2018年，该领域研究呈现爆炸式的增长。通过文献分析，发现新型职业农民培育工作的研究重点，关注于现状调查及策略建议研究、机制设计和体系建设研究以及经费补助、法律素质教育等多个专项研究。在现状调查及策略建议研究方面，侧重通过问卷调查方法对新型职业农民的培育需求进行研究，发现问题并提出改进策略。例如，姜海军（2017）在其研究中，针对新型职业农民培育过程中出现的培育对象遴选困难、相关配套措施不够完善以及培育质量难以保证等问题，提出强化政府管理服务职能、营造职业农民培育的良好氛围、加强信息技术应用等六条对策；李逸波等（2018）通过对全国31个省（自治区、直辖市）的12 569名新型职业农民的问卷调查，发现不同类别的新型职业农民对培训需求差异明显、特色种养殖业创业需求大等特点，并基于此提出进一步有效开展新型职业农民培育的对策；钟扬和刘克勤（2018）基于浙江、山东、江苏、陕西、四川、广东六省抽样调查数据，发现农业劳动力结构失衡、农民专业技能水平偏低、农民管理经营和心理素质现状堪忧等问题，提出加快农村体制机制改革、建立健全职业农民培育制度法规、创新新型职业农民培育模式等五项策略。在机制和体系研究方面，注重政策机制设计和培育体系构建。其一，在政策机制设计方面，完成了对国际先进经验的系统化梳理。例如，李瑶（2017）开展的全国教育科学规划课题"新型职业农民教育培养重大问题研究"，从国际视野深入比较研究国外多个国家和地区在农业教育方面的成果，提出构建农业教育培养体系的具体策略，包括完善农业教育法规、加大经费投入与补贴、严格职业资格准入、加强师资队伍建设等；丁红玲和郭晓珍（2018）完成了新型职业农民培育制度体系框架构建研究，基于适应性效率逻辑原理，为促进政府机制与市场机制的协同运转，设计新型职业农民培育制度体系，以提升政府宏观调控效率。其二，在培育体系构建方面，完成了培育框架及学习策略与支持体系构建。例如，欧阳忠明和杨亚玉（2017）开展实证研究，针对新型职业农民学习策略与支持体系，采用叙事研究方法构建其职业化学习图景，提出新型职业农民的不同职业化阶段、相应学习目标及策略；李娟梅（2018）基于"田园综合体"，提出新型职业农民培育框架体系构建。随着国家层面"双创"战略的提出，也有研究关注于新型职业农民"双创"培养路径的探讨（刘畅，2018）。

不难发现，在已有研究中，缺乏从教育视角的实证研究，缺乏分析信息技术在新型职业农民培育中的作用及规律以及利用信息技术构建符合新型职业农民群体特征的终身学习体系的研究。仅有的个别研究多为经验总结。例如，史明艳（2017）在介绍国际相关领域经验的基础上，提出需要发挥我国远程教育优势，开展新型职业农民培育工作；张丽和王海丽（2017）提出，可以借助大数据等技术，搭建多维度、多层次跨界特色农民创新创业培训合作平台，科学客观地反映培训效果和质量，并根据评价结果改进培训内容。可见，已有研究多集中于新型职业农民的概念、培育意义和培育模式等方面，对于信息技术在新型职业农民培育过程中发挥的重大作用缺乏深入的实证研究，这既体现在资源建设环节，也体现在支持服务体系方面，反映了学术界对新型职业农民培育工作中的教育信息化研究和实践两个层面的重视程度不够。

"互联网+"这一时代背景为新型职业农民培育工作提供了更好的发展契机和现实挑战。一方面，可以利用信息技术所构建的远程教学平台和数字化资源体系，实现更具覆盖性的新型职业农民培育工作，同时借助学习分析、大数据、可视化技术等的发展，能够推动更为精准的、群体迫切需求的多样化学习内容，实现新型职业农民终身学习的快速发展；另一方面，需要构建与新型职业农民群体相适应的终身学习体系，发掘群体终身学习现状及学习诉求，分析信息技术在其终身学习历程中发挥的重要作用，进而提出适应"互联网+"的新型职业农民群体终身学习建议。本章正是着眼于"互联网+"时代新型职业农民群体终身学习的现实挑战，综合应用文献分析、问卷调查等研究方法开展实证研究，旨在推动"互联网+"背景下新型职业农民的终身学习实践。

10.1　新型职业农民群体终身学习研究概述

本章遵循实证研究范式，以北京市大兴区、顺义区、通州区三区为例，调研"互联网+"时代新型职业农民终身学习的现状和诉求，采用定量和定性相结合的研究方法，分析国内新型职业农民培育研究典型成果；通过设计问卷调查样本地区新型职业农民培育情况及意愿等，着重分析新型职业农民群体在终身学习情况、设备拥有、技术使用、个人满意度及个人需求等多个方面的现状和诉求，并提出构建符合新型职业农民群体特征的终身学习体系建议。为此，本章采用由北京师范大学首都学习型社会研究院研究团队专门设计和开发的问卷表作为研究工具。该问卷涵盖了终身学习情况、设备拥有、技术使用、学习形式、困难问题、个人满意度及个人需求等多个方面。为保证问卷的有效性、可信性、可行性，按照表10-1中的九个步骤完成新型职业农民群体终身学习现状调查。

表 10-1　新型职业农民群体终身学习现状调查研究步骤

步骤	操作流程/问卷修改
第一步	文献研究
第二步	问卷设计
第三步	问卷内容效度论证/第一次修订（12 位专家）
第四步	问卷内容适应性论证/第二次修订（10 位研究生）
第五步	本地适应性第一次论证/第三次修订（北京市 9 个区 70 名一线管理人员）
第六步	本地适应性第二次论证/第四次修订（参加项目调研的 20 位研究人员）
第七步	前导研究/第五次修订（以 65 个新型职业农民为样本进行问卷的信度和效度分析）
第八步	正式问卷调查和数据收集
第九步	数据分析和撰写研究报告

前导研究中，选择了来自大兴区和顺义区的共 65 份样本作为测试样本，采用折半信度分析。

从表 10-2 可以看出，问卷表中三个部分的内容维度，Cronbach's α 和折半信度都在 0.9 以上，认为量表的内容信度很高，这些问题具有良好的信度。

表 10-2　问卷表内容维度的内在一致性

内容维度	题目数/个	Cronbach's α	折半信度
终身学习在学习型城市建设中的重要性	14	0.995	0.978
继续教育和终身学习环境的满意度	23	0.993	0.962
继续教育和终身学习所需的制度和措施	13	0.997	0.986

鉴于新型职业农民人群样本在北京市大兴区、顺义区和通州区三个地区，本章采取分层抽样方式。总计发放问卷 1300 份，其中大兴区和顺义区各发放问卷 600 份，通州区发放问卷 100 份。选择上述三区作为调研地区，主要基于上述地区的区域宏观规划定位、社会群体结构、经济发展水平等原因，新型职业农民群体具有较强的代表性。为此，由北京师范大学首都学习型社会研究院组织专业研究团队，进行研究策划并撰写研究计划。同时，收集分析新型职业农民群体的已有研究成果，并设计开发新型职业农民群体的问卷调查表，现场调研北京市大兴区、顺义区和通州区，了解新型职业农民继续教育的现状，参观部分学习场所，整理调研考察记录。对研究工具进行信度、效度检验和本地适应性论证，进行相应修订。同时，开展问卷发放人员的专项培训。在大兴区、顺义区和通州区三个区，对新型职业农民群体进行抽样调查。纸质问卷结果经录入整理，采用 SPSS 25.0

统计软件分析。

本章调查在考虑区域宏观规划定位、社会群体结构、经济发展水平等因素情况下，选取北京市大兴区、顺义区和通州区三个地区作为调查对象，进行实地问卷调查，调查涉及个人基本信息、终身学习经费投入和技术设备使用、参加继续教育和终身学习的情况及影响因素、参加继续教育和终身学习的计划、参与社会公益活动的情况、终身学习的满意度和个人需求六个部分。调查方式以问卷调查为主，共发放 1300 份问卷，回收 1237 份问卷，其中有效问卷为 1125 份，问卷回收有效率为 91%。

大兴区地处北京南郊，素有"京南门户""南菜园"之称，截至 2019 年 6 月底，全区常住人口为 169.4 万人。大兴区依托农广校和农业科教部门，制定了新型职业农民的培训计划和培训课程。顺义区位于北京东北方向，截至 2019 年 6 月底，全区常住人口为 107.5 万人。该区通过精准遴选培育对象、科学确定培育机构，借助信息化手段，创新形式推进分层分类的新型职业农民培育工作。通州区位于北京市东南部，截至 2019 年 6 月底，全区常住人口为 142.8 万人。依据《北京城市总体规划（2016 年—2035 年）》，通州区全区作为北京市行政副中心的外围控制区，与副中心一体建设发展。

从表 10-3 发现，被调查者的年龄集中于 30～54 岁，占 71.5%，这一数据与樊筱（2017）的《新型职业农民培训背景下农民培训多元需求研究》的数据结果统计大概一致。这个年龄段的群体对于家庭有一定的责任，对新型职业农民的培育所带来的收益比其他群体多，因而对于新型职业农民的培训内容和政策较为关注。被调查者平均税后月收入集中于 6000 元以下，占 88.8%，且多数在 3000 元以下。被调查者受教育程度集中于初中、高中和中专（中职、技校），这一结果与王弨等（2017）在关于北京地区新型职业农民的培育研究中的结论相同。

表 10-3 样本特征统计结果

变量		比重	变量		比重
性别	男	51.8%	年龄/岁	40～44	11.7%
	女	48.2%		45～49	15.9%
年龄/岁	<18	0.3%		50～54	14.8%
	18～24	3.2%		55～59	10.0%
	25～29	9.8%		60～64	3.6%
	30～34	15.3%		≥65	1.6%
	35～39	13.8%	身体状况	健康	87.2%
				一般，不影响工作和生活	11.9%
				欠佳，影响正常工作和生活	0.9%

续表

变量		比重	变量	比重
最高学历	初中及以下	21.7%	≤3 000	50.5%
	高中	20.7%	3 001～6 000	38.3%
	中专（中职、技校）	28.9%	6 001～9 000	6.5%
	大专（高职）	19.9%	平均月收入/元　9 001～12 000	1.7%
	本科	8.3%	12 001～15 000	1.2%
	硕士	0.5%	15 001～18 000	0.7%
	博士	0	18 001～21 000	0.2%
			≥21 001	0.9%

资料来源：根据调查问卷统计整理。

从被调查者身体状况看，87.2%的被调查者身体基本健康，能够持续性对北京市新型职业农民的终身学习环境的满意度进行说明，同时也能客观地看待终身学习制度推行的实施效果。

10.2　新型职业农民的终身学习现状与诉求

10.2.1　参加培育意愿强烈，渴求多元化师资队伍

调查显示，在新型职业农民是否有计划参加培育方面，70%的新型职业农民表示想参加培育，并有71.7%的新型职业农民表示参加过培训班；在培训课程内容选择上，71.5%的新型职业农民表示在过去12个月参加过农业技能培训的课程，64.4%的新型职业农民在过去12个月参加过农业经营管理的课程。关于对培训教师类别的期望，32%的新型职业农民期望可以是区县乡镇农业部门的专业技术人员，27%的新型职业农民期望是高校/科研院所的专家教授，而其余41%的新型职业农民期望是农村企业家和农村本土专家。

10.2.2　具备利用信息技术开展培育的基本条件，群体普遍具有一定的网上学习经验

调查显示，新型职业农民具备一定的电子设备和网络条件，如39.7%的新型职业农民拥有智能手机，30.9%的新型职业农民拥有电脑。同时，80.6%的新型职业农民可以阅读网上文字材料和观看网上视频，64.3%的新型职业农民可以参加网上讨论，76.9%的新型职业农民可以使用电脑熟练地进行操作，78.2%的新型职业

农民表示可以在网上完成搜集材料。

从表10-4中发现,在自主学习的形式上,拥有电脑设备的新型职业农民通过看网上视频学习的有468人,拥有手机设备的新型职业农民通过观看网上视频学习的有528人。上面的统计结果表明,北京市的大兴区、通州区和顺义区已经具备信息化手段运用到新型职业农民培育的基本条件。同时,这三个地区的新型职业农民多数有网上学习的经验,能接受网上在线学习。

表10-4 电子设备和看网上学习视频频率交叉　　　　　　　单位:人

电子设备a		看网上学习视频				总计
		0	1	2	3	
电脑	计数	168	160	211	97	636
智能手机	计数	280	174	248	106	808
平板电脑(iPad)	计数	37	49	73	48	207
电子阅读机	计数	12	15	21	9	57
互联网(网络)	计数	54	61	94	53	262
收音机、MP3	计数	36	26	35	22	119
总计	计数	326	210	267	114	917

注:总计是以应答者为基础,由于是多项选择,故纵向中一人有使用多种电子设备的,总计不能简单相加;a指在值1处表格化的二分法群组;0代表没有,1代表很少,2代表有时,3代表经常

10.2.3 四分之三的调查对象接受在线学习、混合学习形式

如表10-5所示,在学习形式的选择上,32.7%的新型职业农民表示喜欢课堂教学为主,在线学习为辅的形式,同时全部课堂教学和在线学习为主,面授教学为辅的占比大概一致,分别为25.4%和25.0%,而对全部在线学习的形式并不是很认同,仅占16.9%。这说明新型职业农民更加倾向于参加针对性课堂授课培训的同时,能够接受线上一些新的技能和农业知识的学习。

表10-5 喜欢的终身学习形式

学习形式	人次	百分比
全部课堂教学	391	25.4%
全部在线学习	260	16.9%
课堂教学为主,在线学习为辅	505	32.7%
在线学习为主,面授教学为辅	385	25.0%

10.2.4 课程学额有限和学习内容缺乏吸引力成为培育的主要矛盾

在新型职业农民培育工作中,46.2%的新型职业农民认为在学习内容方面缺乏

感兴趣的课程，40.3%的新型职业农民表示感兴趣的课程学额太少，报不上名，说明新型职业农民在学习的过程中渴望学习，但缺乏相应的资源，而新型职业农民培育的课程内容主要集中在农业技能培训和农业经营管理上，分别占 71.5%和 64.4%。这说明在新型职业农民培育过程中培训内容设计不够系统化。

10.2.5 群体普遍渴望专业机构的帮助，但不同经营体间寻求帮助的途径存在差异

由调查的数据可发现，整体而言，在新型职业农民的所属经营主体中，小农户最多，占 67.0%，其次为农民专业合作社组织和种植大户，分别占 12.9%和 12.4%，而养殖大户、家庭农场和农业产业化龙头企业总共占 7.7%。

从表 10-6 的有效问卷统计看，小农户中的 578 人在遇到农业问题时多会选择农业专家、乡镇农技推广站寻求解决办法；种植大户、养殖大户、农业产业化龙头企业和农民专业合作社组织总共 193 人，遇到农业问题时集中于向农业专家寻求解决办法。

表 10-6　所属经营主体希望得到帮助　　　　　　　单位：人

a9 所属经营主体		希望得到帮助					总计
		乡镇农技推广站	农业专家	科研机构人员	专业培育机构	政府部门	
1	计数	308	375	193	219	249	578
2	计数	58	81	41	28	49	107
3	计数	19	20	17	13	19	31
4	计数	8	15	9	10	12	20
5	计数	17	21	17	16	15	26
6	计数	57	71	45	57	57	107
总计	计数	467	583	322	343	401	869

注：总计是以应答者为基础；a 指在值 1 处表格化的二分法群组

统计显示，新型职业农民的所属经营主体与遇到农业问题时希望得到的帮助呈现一边倒的情况，缺乏从传统农业向现代化农业转型应具有的认知，农民科技教育培训中心等专门机构的作用有待充分发挥。

在交叉性分析中，不难发现，新型职业农民的不同经营主体发展导致了新型职业农民培育过程中发展不充分和不平衡的问题。为解决这种不充分和不平衡的发展问题，本章在调查过程中着重了解新型职业农民在教育培训、规范管理、政策扶持等方面的情况。在分析过程中发现，71.1%的新型职业农民表示希望在新型

职业农民培育工作中得到农业农村部门、教育部门和科研机构的帮助。这说明大多数新型职业农民渴望得到各个相关专业机构的扶持，也反映了这类机构在现有功能上的缺失，这一缺失可能是由客观资源限制引起的，也可能是由相应的机构制度设计未能充分满足新型职业农民群体需求导致。

10.2.6 群体选择的学习内容较为集中，且学习费用有限

如表 10-7 所示，在参加学习内容上，除农业技能培训和农业经营管理外，时事新闻和政策占 71.9%，新型科技占 60.1%，健康养生占 64.9%。在过去 12 个月内的学习费用支出上，新型职业农民的普遍消费集中在 1000 元以内，占 42.3%。这说明在过去一年学习费用的支出上，绝大部分新型职业农民的费用投入在农业技能培训和农业经营管理上，学习内容较为集中，且学习费用有限。相关研究提出，在乡村振兴战略背景下，新型职业农民培育经费补助模式主要包括"差异化切块模式"、"政府购买服务模式"和"培训券模式"，缺少其他资金来源。

表 10-7 参加非学历课程或自主学习的内容分析

参加非学历课程或自主学习的内容	经常	有时	很少	没有	人数/人
时事新闻和政策	18.4%	31.9%	21.6%	28.1%	1000
农业技能培训	16.5%	32.3%	22.7%	28.5%	1034
农业经营管理	12.0%	26.4%	26.0%	35.6%	993
新型科技	11.1%	24.7%	24.3%	39.9%	987
绿色环保	12.9%	30.0%	21.8%	35.3%	993
健康养生	10.9%	27.9%	26.1%	35.1%	984

10.3 新型职业农民群体培育样本区域的差异分析

前期文献研究发现，有研究提出新型职业农民群体培育过程中，在需求、形式、困难、意愿等方面，存在一定共性的同时，也存在着差异性。为检验不同区域间新型职业农民培育现状是否存在差异，本章对大兴区 530 份问卷和顺义区 515 份问卷进行分析，比较大兴区和顺义区的新型职业农民培育的现状、形式、困难和意愿四方面存在的异同。具体数据结果分析如下。

10.3.1 现状：大兴区新型职业农民培育参加比例高于顺义区

调查显示，在过去 12 个月参加农业技能培训中，顺义区 36.9%的新型职业农

民表示没有参加农业技能培训，大兴区仅占 17.9%；经常参加农业技能培训的大兴区新型职业农民占 28.4%，顺义区仅占 6%。除此之外，调查大兴区、顺义区新型职业农民参加农业经营管理课程的情况发现，顺义区 42.8%的新型职业农民表示没有参加过该课程，大兴区仅占 26.1%；经常参加农业经营管理课程的大兴区样本群体比例较顺义区多出 3 倍。统计结果表明，顺义区新型职业农民在特定课程内容学习上，频率明显低于大兴区，大兴区新型职业农民培育参加比例高于顺义区，大兴区新型职业农民教育需要政府一定的扶持和引导。

10.3.2　形式：顺义区新型职业农民在线学习接受度高于大兴区

调查发现，在新型职业农民过去 12 个月自主学习方式的选择上，顺义区、大兴区的新型职业农民具有一定的线上学习经验，大多数能接受在线学习形式。为进一步分析顺义区、大兴区的新型职业农民能接受的培训方式，研究对其喜欢的终身学习形式进行统计分析，结果发现两区占比最多的是课堂教学为主，在线学习为辅的培训方式，分别占 30.7%和 35.3%。除此之外，大兴区 29.7%的新型职业农民更喜欢全部课堂教学，明显高于顺义区的 20%，从侧面反映出大兴区的新型职业农民中，一部分是生产型新型职业农民，其对运用信息化手段进行培训学习有一定困难，认为在全部的课堂教学中可以和农民专家更近距离地接触，学到可以投入生产的知识和技能，而顺义区 27.2%的新型职业农民更喜欢在线学习为主，面授教学为辅的培训方式，主要是因为顺义区是服务全国、面向世界的临空产业中心和现代制造业基地，互联网条件优于大兴区，使得当地的新型职业农民在学习方式的选择上更依赖于信息技术手段。

10.3.3　困难：课程名额和学习内容两区同样存在矛盾

调查显示，在新型职业农民的培训困难情况分析中，大兴区 58.7%的新型职业农民表示缺乏感兴趣的课程，顺义区 46.4%的新型职业农民表示也有该困难。同时，大兴区 61.6%的新型职业农民和顺义区 60.7%的新型职业农民同样表示感兴趣的课程学习名额太少，报不上名。统计结果表明，无论是大兴区还是顺义区，普遍缺乏相应的学习资源，并且两区的资源不能满足新型职业农民学习需要，造成新型职业农民学习滞后的情况。

10.3.4　意愿：大兴区培训意愿更为强烈

调查发现，大兴区的新型职业农民在是否计划参加新型职业农民培育上，83.7%的新型职业农民表示愿意参加，而顺义只占 60.2%，表明大兴区的新型职业农民在培训意愿上强于顺义区。其原因为：其一，大兴区地理占有优势，本地居民多为务农人员，较适合发展农业；其二，大兴区的新型职业农民培育系统发展较全面，得到了政府更多的扶持，使得新型职业农民的收益较高，可能由此导致新型职业农民在培训意愿上的差异。

10.4 新型职业农民群体培育的问题

10.4.1 新型职业农民群体在培育内容、形式两方面存在着不协调的状况

研究发现，新型职业农民培育过程中，在培育内容和培育形式方面，存在着比较明显的不协调问题，其突出体现在培育内容难以满足新型职业农民群体需求，46.2%的新型职业农民认为没有感兴趣的课程，进一步调研发现目前新型职业农民培育过程中并未针对不同居住地、不同年龄段的群体提供差异性的课程学习资源。同时还发现，目前并未针对不同年龄段的学习者提供与之相适应的差异化学习方式，缺乏行之有效的在线学习途径和方法。另外，40.3%的新型职业农民认为课程学额太少，71.1%的新型职业农民期待多部门的支持等，这也反映了学习资源分布不协调的情况。

10.4.2 课程学额有限和学习内容缺乏吸引力是新型职业农民培育的主要矛盾

研究发现，针对新型职业农民的培育，现阶段的主要矛盾是课程学额有限和学习内容缺乏吸引力。课程学额受限于场地、师资等客观因素，导致资源不均衡，感兴趣的学习资源少，因而出现教育资源不均衡情况。因此，亟待需要建设大量的、适合新型职业农民需求的优质数字化资源。研究还发现，只有较少数的新型职业农民学习网上课程，产生这一情况的原因可能有两个方面：一是群体不了解网上课程；二是现有的网上课程不适合群体学习需求。

10.4.3 亟待普及与新型职业农民群体信息化能力相适应的信息化学习形式

研究发现，超半数的新型职业农民乐于接受在线学习形式，甚至近 3/4 的新型职业农民能够接受在线学习、混合式学习方式。同时，调查发现，新型职业农民具备利用信息技术开展培育的基本条件及网上学习经验。相关资料显示，农业科教信息化工作是新型职业农民培育的重要支撑，我国河北、安徽、吉林、湖南

等省份都进行了卓有成效的探索，以全国农业科教云平台为例，其一期规划功能全部实现并上线试运行。面对新型职业农民群体广泛的信息化学习形式需求，亟待普及与新型职业农民群体信息化能力相适应的信息化学习形式。

10.4.4 新型职业农民群体间在培育现状、形式和意愿三个方面存在着差异性

研究发现，新型职业农民群体培育过程中，在需求、形式、困难、意愿等方面，存在一定共性的同时，也存在着差异性。针对北京大兴和顺义两区的调查发现，两区在新型职业农民参加培育的现状、形式和意愿三个方面，存在一定差别，而在培育困难方面，差别不明显。这一结论和其他地区调研所发现的结论相符。

10.5 完善新型职业农民群体培育体系

10.5.1 做好系统化培育教学设计，解决培育现存的不协调状况

要切实提升新型职业农民培育质量，就需要充分重视和做好新型职业农民的系统化培育设计，做好培育对象特点分析和学习需求分析，培育过程中提供多部门的协同支持，组织更为广泛的社会力量参与新型职业农民培育，并做好培育工作的咨询服务、监督管理，完善培育工作的考核评价机制，从培育全过程上形成系统化的质量保障体系方法。

10.5.2 大力推进优质数字化培育资源建设，着力探索培育新模式

需要针对新型职业农民，设计规划有效的课程体系，满足其终身学习需求。这符合我国教育信息化近20年发展历程中的一个重要规律，即资源建设在信息化建设进程中有着不可替代的重要作用。大力推进培育数字化资源建设，是解决当前新型职业农民参加培育意愿强烈，缺乏系统师资引领这一问题的重要途径。有必要和有可能在已经开展的在线学习基础上，积极探索培育新模式，开展线上线下融合培训与服务，这符合终身学习发展趋势。

10.5.3 积极利用学习分析、大数据等学习技术，实现新型职业农民精准培育

精准提供新型职业农民培育，有必要利用学习分析、大数据等技术，建立支

撑深度挖掘新型职业农民的学习平台，开展新型职业农民群体的学习者建模研究，完善基于国家标准的特定群体学习内容描述体系，是实现新型职业农民培育内容精准推送、适应区域经济发展需求的重要途径。

10.5.4 因地制宜、因时制宜、因人制宜，开展针对性的新型职业农民培育

尊重新型职业农民培育区域间的差异性，是科学开展新型职业农民培育工作的重要前提。新型职业农民群体培育的差异性，受三个方面的共同影响：首先，区域经济现状因素，通常经济发展较差的地区改变自身意愿更为强烈；其次，区域发展规划因素，大兴区新机场建设就是受这一因素的影响；最后，区域人文环境因素。因此，需要因地制宜、因时制宜、因人制宜，开展针对性的新型职业农民培育。

总的来说，教育信息化是教育改革的制高点，这一理念提出至今已有20年，基于这一理念的实践探索也已经催生诸多创新成果。然而，针对新型职业农民这一新兴群体的培育工作，教育信息化的探索仍刚开始。相对于我国1500万的新型职业农民，本章样本选取还存在相当的局限性，其结论对于揭示经济发达地区新型职业农民群体的终身学习特点有一定借鉴。建议后续研究可以基于我国区域经济布局，同时结合各地工业化和城镇化的发展程度，在更广泛的区域调研新型职业农民群体终身学习情况。新型职业农民培育迫切需要借鉴我国教育信息化20年发展历程中的优秀经验成果。社会各界普遍认为，信息技术对教育的影响是深层次的，这种影响不仅仅停留在途径和手段层面，更多的是在结构性上的变革，是对教育方法模式、教育组织机制、教育服务模式等多方面的变革，有着革命性的意义和影响。因此，要充分重视信息技术在新型职业农民培育过程中发挥的巨大作用，从教育供给侧改革角度和教育服务模式变革角度提升当前新型职业农民培育工作，这是构建适应社会发展、时代需要的新型职业农民培育体系的重要途径。同时，需要积极推动原有机构的职能转变，加强多部门间的机构协作，形成新型职业农民培育的专门机构。从创新角度看，技术创新、服务创新的可持续性发展，都离不开机构创新。随着新型职业农民培育工作的逐步深入，势必对机构层面的创新提出必然要求。因此，认识并实践信息技术对培育工作的结构性变革作用和重视培育机构层面的持续创新，是后续新型职业农民培育工作发展的两个关键。

本章附录

北京新型职业农民参加继续教育和终身学习的现状及需求问卷调查编码

编码说明：

1. 字母 N 特指新型职业农民这一群体。

2. 在数据分析阶段，a9、a10、c7、c8、c9 分别改为 a9N、a10N、c7N、c8N、c9N；e7_9 和 e8_10 改为 e7_9N 和 e8_10N。

第一部分　个人基本信息

a0　群体：1□残疾人　2□科技创新人员　3□外籍人士　4□新市民
　　　5□新型职业农民　6□老年人　7□外来务工人员

a01　所属区：1□海淀区　2□西城区　3□东城区　4□大兴区　5□朝阳区
　　　6□昌平区　7□顺义区　8□通州区

a1. 性别：1□男　2□女

a2. 年龄（周岁）：1□18 岁或以下　2□19～24 岁　3□25～29 岁
　　　4□30～34 岁　5□35～39 岁　6□40～44 岁　7□45～49 岁
　　　8□50～54 岁　9□55～59 岁　10□60～64 岁　11□65 岁或以上

a3. 民族：1□汉族　2□少数民族

a4. 居住地：1□城区　2□城乡接合部　3□乡镇　4□农村

a5. 户籍：1□北京城镇　2□北京农村　3□外地城镇　4□外地农村
　　　5□境外人士

a6. 子女状况：1□无子女　2□有 13 岁或以下的子女　3□有 13 岁以上的子女

a7. 最高学历：1□初中及以下　2□高中　3□中专/中职/技校
　　　4□大专/高职　5□本科　6□硕士　7□博士

a8. 身体状况：1□健康　2□一般，不影响工作和生活
　　　3□欠佳，影响正常工作和生活

a9. 所属经营主体：1□小农户　2□种植大户　3□养殖大户　4□家庭农场
　　　5□农业产业化龙头企业　6□农民专业合作社组织
　　　7□其他（请填写）_____

a10. 您计划参加新型职业农民培训吗？
　　　1□是　　　　　　2□否　　　　　　3□不确定

第二部分　终身学习经费投入和技术设备使用

b1. 在过去 12 个月中，您税后平均月收入（单位：元）：

1□3000 或以下　2□3001~6000　3□6001~9000　4□9001~12 000
5□12 001~15 000　6□15 001~18 000　7□18 001~21 000
8□21 001 或以上

b2. 在过去 12 个月中，您在学习上支出的大约总费用（单位：元）：
1□0　2□1~1000　3□1001~2000　4□2001~3000　5□3001~4000
6□4001~5000　7□5001~6000　8□6001~7000　9□7001~8000
10□8001~9000　11□9001~10 000　12□1 万以上

b3. 在过去 12 个月中，您参加学习活动的费用来自：（可多选）（选中编码 1，未选中编码 0）
b3_1□政府补贴/社区补贴　b3_2□单位补贴　b3_3□个人支付
b3_4□家人支付　b3_5□没有费用

b4. 您有的电子设备和网络：（可多选）（选中编码 1，未选中编码 0）
b4_1□电脑　b4_2□智能手机　b4_3□平板电脑（iPad）
b4_4□电子阅读机　b4_5□互联网（网络）　b4_6□收音机、MP3
b4_7□其他（请填写）＿＿＿＿＿

b5. 您使用电子设备的熟练程度：

使用电子设备的熟练程度	5 非常熟练	4 熟练	3 一般	2 不熟练	1 不会使用
b5_1 电脑操作	□	□	□	□	□
b5_2 搜索网上材料	□	□	□	□	□
b5_3 阅读网上文字材料	□	□	□	□	□
b5_4 观看网上视频	□	□	□	□	□
b5_5 参加网上讨论	□	□	□	□	□
b5_6 使用手机 App（应用程序或软件）	□	□	□	□	□
b5_7 使用平板电脑（iPad）	□	□	□	□	□
b5_8 使用微信交流	□	□	□	□	□
b5_9 使用 QQ 交流	□	□	□	□	□
b5_10 使用微博交流	□	□	□	□	□
b5_11 其他（请填写）＿＿＿	□	□	□	□	□

第三部分　参加继续教育和终身学习的情况及影响因素

c1. 在过去 12 个月中，您参加的学历课程层次：

您参加的学历课程层次	2 是，全日制学习	1 是，在职学习	0 没有参加
c1_1 高中层次	□	□	□
c1_2 大专层次	□	□	□

续表

您参加的学历课程层次	2是，全日制学习	1是，在职学习	0没有参加
c1_3 本科层次	☐	☐	☐
c1_4 硕士研究生层次	☐	☐	☐
c1_5 博士研究生层次	☐	☐	☐

c2. 在过去12个月中，您参加的学历课程类型：

您参加的学历课程类型	2是，全日制学习	1是，在职学习	0没有参加
c2_1 经营管理	☐	☐	☐
c2_2 通识课程	☐	☐	☐
c2_3 教师培训和教育科学	☐	☐	☐
c2_4 人文、语言、艺术	☐	☐	☐
c2_5 社会科学、商业、法律	☐	☐	☐
c2_6 自然科学、数学、计算机	☐	☐	☐
c2_7 工程、制造、建筑	☐	☐	☐
c2_8 农业、兽医	☐	☐	☐
c2_9 健康、福利	☐	☐	☐
c2_10 服务类	☐	☐	☐
c2_11 其他（请填写）_____	☐	☐	☐

c3. 在过去12个月中，您参加的非学历课程或自主学习的形式：

您参加非学历课程或自主学习的形式	3经常	2有时	1很少	0没有
c3_1 参加培训班	☐	☐	☐	☐
c3_2 参加兴趣班	☐	☐	☐	☐
c3_3 听讲座	☐	☐	☐	☐
c3_4 阅读印刷版的书籍	☐	☐	☐	☐
c3_5 上网阅读书籍	☐	☐	☐	☐
c3_6 听收音机/MP3学习	☐	☐	☐	☐
c3_7 看网上学习视频	☐	☐	☐	☐
c3_8 学习网上的微课程	☐	☐	☐	☐
c3_9 学习网上的MOOC课程	☐	☐	☐	☐
c3_10 参观科技馆或者博物馆	☐	☐	☐	☐
c3_11 使用图书馆学习	☐	☐	☐	☐
c3_12 学习互助小组/学习共同体	☐	☐	☐	☐

续表

您参加非学历课程或自主学习的形式	3 经常	2 有时	1 很少	0 没有
c3_13 使用社区学习中心学习	☐	☐	☐	☐
c3_14 其他（请填写）_____	☐	☐	☐	☐

c4. 在过去 12 个月中，您参加非学历课程或自主学习的内容：

您参加非学历课程或自主学习的内容	3 经常	2 有时	1 很少	0 没有
c4_1 时事新闻和政策	☐	☐	☐	☐
c4_2 农业技能培训	☐	☐	☐	☐
c4_3 农业经营管理	☐	☐	☐	☐
c4_4 新型科技	☐	☐	☐	☐
c4_5 绿色环保	☐	☐	☐	☐
c4_6 健康养生	☐	☐	☐	☐
c4_7 音乐艺术	☐	☐	☐	☐
c4_8 书画艺术	☐	☐	☐	☐
c4_9 金融理财	☐	☐	☐	☐
c4_10 家庭教育	☐	☐	☐	☐
c4_11 专业知识和技能	☐	☐	☐	☐
c4_12 就业创业	☐	☐	☐	☐
c4_13 医疗卫生	☐	☐	☐	☐
c4_14 舞蹈	☐	☐	☐	☐
c4_15 其他（请填写）_____	☐	☐	☐	☐

c5. 在过去 12 个月中，您参加教育和培训的原因：

您参加教育和培训的原因	1 是	0 否
c5_1 应对终身学习的发展趋势	☐	☐
c5_2 为了学习新知识和新技能	☐	☐
c5_3 为了提高个人工作能力	☐	☐
c5_4 为了转换工作	☐	☐
c5_5 为了适应新的工作环境	☐	☐
c5_6 为了获得证书/文凭/学位	☐	☐
c5_7 为了个人兴趣和爱好	☐	☐
c5_8 为了结识更多的朋友	☐	☐

续表

您参加教育和培训的原因	1 是	0 否
c5_9 为了丰富业余生活	□	□
c5_10 为了融入社区大家庭	□	□
c5_11 为了保持身心健康	□	□
c5_12 为了打发空余时间	□	□
c5_13 弥补以前缺乏学习机会的遗憾	□	□
c5_14 教育子女或者孙辈	□	□
c5_15 其他（请填写）_____	□	□

c6. 在过去12个月中，您参加教育和培训的困难：

您参加教育和培训的困难	1 是	0 否
c6_1 缺乏感兴趣的课程	□	□
c6_2 感兴趣课程学额太少，报不上名	□	□
c6_3 要照顾家庭，没有时间	□	□
c6_4 要忙于工作，没有时间	□	□
c6_5 费用太贵，交不起学费	□	□
c6_6 有兴趣，但不知道学习什么	□	□
c6_7 没有感到需要	□	□
c6_8 身边没有人学	□	□
c6_9 身体状况差	□	□
c6_10 其他（请填写）_____	□	□

c7. 您希望的新型职业农民的培训教师类别：（可多选）（选中编码1，未选中编码0）

　　　c7_1□高校/科研院所的专家教授
　　　c7_2□区县乡镇农业部门的专业技术人员
　　　c7_3□农业企业家　c7_4□农村本土专家　c7_5□其他（请填写）

c8. 您遇到农业问题希望得到的帮助：（可多选）（选中编码1，未选中编码0）

　　　c8_1□乡镇农技推广站　c8_2□农业专家　c8_3□ 科研机构人员
　　　c8_4□专业培育机构　c8_5□政府部门
　　　c8_6□其他（请填写）_____

c9. 您认为新型职业农民的发展需要哪些部门支持：（可多选）（选中编码1，未选中编码0）

  c9_1□农业部门 c9_2□教育部门 c9_3□ 科研机构

  c9_4□高等院校 c9_5□企业机构 c9_6□其他（请填写）_____

第四部分　参加继续教育和终身学习的计划

d1. 您计划参加的学历课程层次：

您计划参加的学历课程层次	2是，全日制学习	1是，在职学习	0没有计划参加
d1_1 高中层次	□	□	□
d1_2 大专层次	□	□	□
d1_3 本科层次	□	□	□
d1_4 硕士研究生层次	□	□	□
d1_5 博士研究生层次	□	□	□

d2. 您计划参加的非学历课程或自主学习的形式：

您计划参加的非学历课程或自主学习的形式	1是	0否
d2_1 参加培训班	□	□
d2_2 参加兴趣班	□	□
d2_3 听讲座	□	□
d2_4 阅读印刷版的书籍	□	□
d2_5 上网阅读书籍	□	□
d2_6 听收音机/MP3 学习	□	□
d2_7 看网上学习视频	□	□
d2_8 学习网上的微课程	□	□
d2_9 学习网上的MOOC 课程	□	□
d2_10 参观科技馆或者博物馆	□	□
d2_11 使用图书馆学习	□	□
d2_12 学习互助小组/学习共同体	□	□
d2_13 使用社区学习中心学习	□	□
d2_14 其他（请填写）_____	□	□

  d3. 您喜欢的继续教育学习形式：（可多选）（选中编码1，未选中编码0）

    d3_1 □全部课堂教学 d3_2 □全部在线学习

    d3_3 □课堂教学为主，在线学习为辅

　　　　d3_4 □在线学习为主，面授教学为辅
　　　　d3_5 □其他（请填写）_____

第五部分　参与社会公益活动的情况

　　e1. 您是一位已经注册的志愿者（也称义工）吗？
　　　　1□是　　2□否
　　e2. 您愿意成为一位注册志愿者（也称义工）吗？
　　　　1□愿意　　2□不愿意
　　e3. 在过去12个月中，您参加服务社会或其他人的无偿公益活动的情况。
　　　　1□经常参加　　2□有时参加　　3□很少参加　　4□没有参加
　　e4. 您愿意参加服务社会或其他人的无偿公益活动吗？
　　　　1□愿意　　2□不愿意
　　e5. 在过去12个月中，您参加了与学习活动有关的服务社会或其他人的无偿公益活动吗？（如利用个人的知识和技能为社区服务）
　　　　1□经常参加　　2□有时参加　　3□很少参加　　4□没有参加
　　e6. 您愿意参加与学习活动有关的服务社会或其他人的无偿公益活动吗？（如利用自己的知识或者技能为社区居民服务）
　　　　1□愿意　　2□不愿意
　　e7. 在过去12个月中，您得到志愿者提供的无偿公益服务：

您得到志愿者提供的无偿公益服务	3 经常	2 有时	1 很少	0 没有
e7_1 帮助我了解时事新闻和政策	□	□	□	□
e7_2 帮助我使用电脑设备	□	□	□	□
e7_3 帮助我使用手机	□	□	□	□
e7_4 帮助我参加社区活动	□	□	□	□
e7_5 在社区提供生活上的帮助	□	□	□	□
e7_6 在社区提供学习上的帮助	□	□	□	□
e7_7 上门提供生活上的帮助	□	□	□	□
e7_8 上门提供学习上的帮助	□	□	□	□
e7_9 为我提供农业技术/创业指导	□	□	□	□
e7_10 其他（请填写）_____	□	□	□	□

e8. 在过去12个月中，您为社会或其他人提供的无偿公益服务：

您为社会或其他人提供的无偿公益服务	3 经常	2 有时	1 很少	0 没有
e8_1 帮助其他人了解时事新闻和政策	□	□	□	□
e8_2 帮助其他人使用电脑设备	□	□	□	□
e8_3 帮助其他人使用手机	□	□	□	□
e8_4 给其他人提供生活上的帮助	□	□	□	□
e8_5 给其他人提供学习上的帮助	□	□	□	□
e8_6 协助社区、街道开办的各类学习活动	□	□	□	□
e8_7 参加社区组织的社会公益活动	□	□	□	□
e8_8 利用自己的知识技能为社区和他人服务	□	□	□	□
e8_9 帮助其他人学习跳舞或者唱歌	□	□	□	□
e8_10 给其他人提供农业技术/创业指导	□	□	□	□
e8_11 其他（请填写）_____	□	□	□	□

第六部分 终身学习的满意度和个人需求

f1. 您认为终身学习在北京学习型城市建设中的重要性：

您认为终身学习的重要性	5 非常重要	4 重要	3 一般	2 不重要	1 完全不重要
f1_1 推动政策方针的落实	□	□	□	□	□
f1_2 促进文化繁荣	□	□	□	□	□
f1_3 促进城市的绿色和环保	□	□	□	□	□
f1_4 促进人们的健康生活	□	□	□	□	□
f1_5 促进人们的创业和就业	□	□	□	□	□
f1_6 促进社会的经济发展	□	□	□	□	□
f1_7 促进全民学习的文化	□	□	□	□	□
f1_8 促进对弱势群体的关怀	□	□	□	□	□
f1_9 提高个人的生活质量	□	□	□	□	□
f1_10 丰富个人的业余生活	□	□	□	□	□
f1_11 促进社会的和谐	□	□	□	□	□
f1_12 促进社区的和谐	□	□	□	□	□
f1_13 促进家庭的和谐	□	□	□	□	□
f1_14 其他（请填写）_____	□	□	□	□	□

f2. 您对北京市为新型职业农民提供教育和学习的环境的满意程度：

为新型职业农民提供教育和学习的环境的满意程度	5非常满意	4满意	3一般	2不满意	1非常不满意
f2_1 终身学习的文化和氛围	□	□	□	□	□
f2_2 提供教育和培训的条件	□	□	□	□	□
f2_3 信息技术和互联网的应用	□	□	□	□	□
f2_4 多元化的学习形式（如面授、网络、App）	□	□	□	□	□
f2_5 便利的学习场所	□	□	□	□	□
f2_6 高质量的课程	□	□	□	□	□
f2_7 图书馆学习资源	□	□	□	□	□
f2_8 网络学习资源	□	□	□	□	□
f2_9 社区提供的学习场所	□	□	□	□	□
f2_10 企业组织的员工培训	□	□	□	□	□
f2_11 社区组织的学习活动	□	□	□	□	□
f2_12 社区组织的公益活动	□	□	□	□	□
f2_13 政府对新型职业农民学习的资助	□	□	□	□	□
f2_14 企业对员工学习的资助	□	□	□	□	□
f2_15 参加教育和培训的费用	□	□	□	□	□
f2_16 感兴趣的课程和学习活动	□	□	□	□	□
f2_17 教育和培训课程的质量	□	□	□	□	□
f2_18 教育和培训的教师水平	□	□	□	□	□
f2_19 教育和培训课程的效果	□	□	□	□	□
f2_20 个人在学习活动中的受益程度	□	□	□	□	□
f2_21 对新型职业农民提供的学习支持	□	□	□	□	□
f2_22 对弱势群体提供的学习支持	□	□	□	□	□
f2_23 其他（请填写）_____	□	□	□	□	□

f3. 您认为促进新型职业农民参与终身学习所需要的制度和措施：

促进新型职业农民参加终身学习的制度和措施	5非常需要	4需要	3一般	2不需要	1非常不需要
f3_1 为新型职业农民建立一站式课程和学习资源服务网	□	□	□	□	□
f3_2 为新型职业农民建立由政府认可的网络学习资源库	□	□	□	□	□

续表

促进新型职业农民参加终身学习的制度和措施	5非常需要	4需要	3一般	2不需要	1非常不需要
f3_3 为新型职业农民建立由政府认可的教育和培训机构	□	□	□	□	□
f3_4 为新型职业农民建立由政府认可的教育和培训课程数据库	□	□	□	□	□
f3_5 为新型职业农民建立北京市新型职业农民继续教育基金制度	□	□	□	□	□
f3_6 为新型职业农民建立个人学费支出税收减免制度	□	□	□	□	□
f3_7 为新型职业农民建立终身学习积分及奖励制度	□	□	□	□	□
f3_8 为新型职业农民提供对应的终身学习服务窗口	□	□	□	□	□
f3_9 为新型职业农民提供对应的终身学习精准服务	□	□	□	□	□
f3_10 为新型职业农民建立一站式学习成果认证服务制度	□	□	□	□	□
f3_11 建立常态的志愿者社会公益服务制度	□	□	□	□	□
f3_12 建立继续教育的法律法规	□	□	□	□	□
f3_13 建立终身教育的法律法规	□	□	□	□	□
f3_14 其他（请填写）_____	□	□	□	□	□

第 11 章　泛在学习环境下新型职业农民知识建构

近年来，随着城镇化进程的加快，农村"空心化"、务农农民"老龄化"和"低文化"现象严重，现代农业发展和美丽乡村建设受到制约。习近平在参加 2017 年十二届全国人大五次会议四川代表团审议时强调，要"就地培养更多爱农业、懂技术、善经营的新型职业农民"[①]。2018 年召开的全国新型职业农民培育管理培训班暨农民教育培训工作现场会提出，培育新型职业农民，为实施乡村振兴战略缓解"缺人"现象。

开放教育是以发展成人学习者自主学习和终身学习能力为人才培养目标，其教学特点是以成人学习者自主学习为主，以教师辅导为辅，师生处于准永久性分离状态。因此，开放教育教学强调通过协作学习来减轻成人学习者学习的孤独感，以此促进自主学习能力的提升。

随着我国信息技术的快速发展，远程教学平台的建设完善，远程教育网络资源的开发、设计与整合，慕课、翻转课堂和微课等各种教学形式不断融入网络教育，新型职业农民可随时随地通过各种电子计算终端设备进行学习，这为新型职业农民终身学习奠定了良好基础。

《2017 年全国新型职业农民发展报告》显示，2016 年末新型职业农民队伍仍以初中、高中文化程度为主。其中，大专及以上的占 5.47%，高中（含中专）的占 24.87%，初中的占 57.63%，小学的占 10.59%，未上过学的占 1.44%。总的来看，全国新型职业农民队伍整体文化程度仍然不高。由此可见，努力提升新型职业农民文化程度任重道远。

近年来，党中央、国务院高度重视新型职业农民培育，相继出台了系列重量级文件，为新型职业农民培育提供了根本遵循和政策依据，特别是就新型职业农民培育主体、培育方式和培育组织形式提出了明确要求。然而，由于接受开放教育的新型职业农民工学矛盾突出，在认知水平、知识接受能力和学习时间上都存

---

① 《培育新型职业农民　实现乡村全面振兴》，https://m.gmw.cn/baijia/2020-05/06/33804023.html[2020-05-06]。

在很大差异，很难有效进行协作学习。以往对新型职业农民进行开放教育，基本上都是组建学习小组，这种方式难以调动他们的参学积极性，不能顺利完成学习任务，知识建构效果甚微，培育质量得不到根本保证。如何帮助新型职业农民在协作学习中系统掌握知识，提高知识实际运用能力，是开放教育教师在新型职业农民教学中面临的难题。因此，在泛在学习环境下，开展新型职业农民知识建构及政策研究具有重要的现实意义和长远意义。从现实意义看，这是对新型职业农民培育方式的重大创新，是提升新型职业农民培育质量的重大举措，是实现城乡成人教育均衡发展的有力途径，是引领新型农业经营主体发展的现实选择；从长远意义看，这有利于培育新一代爱农业、懂技术、善经营的新型职业农民，优化农业从业者结构，有利于推动乡村人才振兴，让新型职业农民在乡村大施所能、大展才华、大显身手，为加快实现城乡统筹发展和农业农村现代化提供人才支撑。

11.1 知识建构研究概述

建构主义学习理论认为，在教学过程中，学习者是知识学习的主体，在一定的情境支持下，借助他人的帮助，利用必要的学习资料，在自己已有知识经验的基础上建构新的知识。近年来，国内外学术界主要从知识建构概念界定、理论研究、知识建构模式及效果评价方式等方面展开研究。

从国外看，对于"知识建构"一词的定义，Gunawardena 等（1997）从协作讨论文本内容设计方面，提出一个知识建构完整过程，即从观点阐述、分析差异、讨论整合、修订观点、达成共识等五个阶段进行知识建构。在协同知识建构方面，Stahl（2000）提出个人与社会知识建构模式，把学习视为个人和社会相互作用和相互影响的过程。此外，许多研究者侧重知识建构效果评价研究。例如，Veldhuis-Diermanse（2002）主要通过参与和交互分析，侧重认知、情感、元认知等方面对学习者知识建构方法进行评价。Pena-Shaff 和 Nicholls（2004）主要介绍在线讨论知识建构过程评价模式。

从国内看，赵建华（2007）认为，知识建构是个体在某个特定社区中共同参与活动，最终形成某种观点、理论建设等智慧产品；李克东（2013）认为，知识建构是在原有认知结构或经验基础上，通过旧知识与新获得的信息互动，对原有知识经验进行改造、重组，使其产生新的有意义的关联。在知识建构理论研究方面，钟志贤（2005）、张义兵等（2013）、赵海霞（2013）、况姗芸等（2014）、陈斌和龙美霖（2014）、金慧等（2014）、郭炯和霍秀爽（2014）、陈鹏宇等（2015）探讨了知识建构的影响因素、实现途径、成员关系、教学设计策略及互动学习活动类型等。在知识建构模式方面，蒋银健和郭绍青（2014）、彭绍东（2015）、马宁等（2018）研究了以协同知识建构为核心的教师混合式研训效果、混合式协作学习中知识建构的三循环模型、基于知识建构的教师专业发展模型构建、异步网络协作学习知识建构。在知识效果评价方面，陈向东和赵怡（2008）设计了一种应用性较强的在线交流知识建构效果评价框架。

通过对国内外研究状况分析发现，尽管目前专家学者对知识建构的相关领域研究多，其研究内容主要集中于知识建构交流话语分析及效果评价方面，但在教学设计策略及指导新型职业农民如何有效进行协作学习方面较为缺乏；其研究范围主要集中于基础教育或高等教育，对成人教育方面开展研究的很少。

11.2 泛在学习环境下新型职业农民知识建构过程

本章所指的知识建构是指在协作学习过程中，通过对新型职业农民各成员进行知识分析、实践和创新，形成某种学习成果，从而促进个体深入理解和应用。在实际教学中，如何让新型职业农民有时间参与协作学习，在协作活动中进行有效交流，并形成有价值的学习成果，从而促进他们透彻地掌握知识，实现知识建构，是重点要解决的问题。为此，本章从协作学习环境、助学服务、成果形成、学习评价等四方面进行泛在学习环境下新型职业农民知识建构。

11.2.1 组织线上线下协作活动，营造良好协作学习环境

1. 开展实时与非实时相结合的网上专题讨论

一般而言，新型职业农民不能很好地开展协作学习，主要原因是学习时间不固定、不统一，他们常常不能同时在线，难以在教学中采取实时与非实时相结合的方式开展专题讨论。因此，为解决这个问题，采取网上专题讨论方式完成理论知识解析、案例分析、角色扮演、热门话题讨论等学习主题，即在网上为新型职业农民布置学习主题，新型职业农民以小组为单位围绕主题进行讨论。一方面，进行网上实时专题讨论，即在固定时间，教师与新型职业农民同时在线进行集中交流；另一方面，进行网上非实时专题讨论，即在非固定时间，教师为该主题讨论活动设定三天或一周，让不能参加集中交流活动的新型职业农民表述自己的学习内容。

2. 开展线下协作情感交流活动

在学习过程中，新型职业农民除进行知识学习外，更需要各种增进了解、增

进友谊的交流活动，这对于激励型职业农民坚持学习、努力实现学习目标非常重要。新型职业农民在线交流主要围绕相关知识进行讨论，彼此间缺乏亲切感，所以常常会感到枯燥，有时甚至不愿参与协作学习。因此，面对面开展新型职业农民与教师之间的情感交流活动必不可少，平时根据新型职业农民的兴趣组织开展徒步、打球和爬山等集体活动。这些都是当前新型职业农民在休闲时间喜欢的运动，通过多种活动形式促进相互交流，从而遇到问题互相帮助解决。

3. 利用微信、QQ进行促学服务

新型职业农民常常在自主学习过程中因各种内外因素干扰而产生惰性或拖延心理，放松对自己的学习约束，但如果有同伴或教师经常提醒和督促，就容易把学习坚持下去。因此，将协作学习伙伴组成微信群或QQ群，随时互相交流学习，使新型职业农民感受到无处不在的协作学习环境。

11.2.2 开展协作学习助学服务，实时解决协作学习问题

1. 做好协作学习导学服务

做好协作学习导学服务是新型职业农民能顺利开展协作学习的重要基础，即让新型职业农民在进行协作学习前一周了解协作学习的目的与意义、协作学习的安排、参与协作学习的方法和寻求帮助的途径，使新型职业农民在进行协作学习时胸有成竹。

2. 准备自主学习相关资源

新型职业农民参加讨论不积极不活跃，主要原因是不知如何讨论，不具备与讨论主题相关的业务知识。因此，在讨论前要为新型职业农民准备好相关学习资源，让新型职业农民小组成员先进行自主学习。所提供的学习资源适量、内容清晰、简明易懂。比如，针对某一具体知识点讨论，如果让新型职业农民学习整个单元视频，会使新型职业农民厌烦学习，但如果学习资源过于简单，则不能满足学习能力强的新型职业农民的需要。因此，教师在提供学习资源时，要根据新型职业农民的学习需求和文化程度的不同，做到内容要有难有易，呈递进式安排，以满足不同新型职业农民的学习需要，这有利于新型职业农民可深入、拓展性地进行知识建构。学习资源形式要做到文本和视频多样化，满足新型职业农民个性化学习需求，便于新型职业农民随时随地进行学习。

3. 指导学习组长做好任务分解工作

以往在新型职业农民讨论过程中，很大问题是发言人基本为学习组长，其他

人常常不参与活动，所以不能形成良性互动，阻碍知识进一步建构。因此，做好新型职业农民小组成员分工，引导新型职业农民小组成员有序发言非常重要。这需要教师指导学习组长担当相应责任，由学习组长将讨论主题进行任务分解。比如，由学习组长将讨论主题分为概念、解析、应用和拓展等模块，根据新型职业农民的特点和水平，分配给不同的小组成员，然后组长在讨论中进行发言引导，让每个新型职业农民都参与讨论活动。

4. 开展面授辅导解决难点问题

虽然在线上协作学习过程中，教师会对学习交流中存在的问题给予指导和反馈，但面授的直观性与形象生动性不能用文字的讲解来代替。因此，对新型职业农民存在的难点问题，教师将通过面授辅导进行细致讲解，在讲解的同时进行录制，然后上传到网上，便于没有时间参与面授的新型职业农民进行学习。

11.2.3 提供良好实践环境，促进知识深度掌握

因为没有实践，新型职业农民就不能很好地进行知识应用，更谈不上创新，所以在新型职业农民开展完在线学习交流时，要对新型职业农民布置一定的实践任务，以此促进新型职业农民进行深入应用。实践任务既可以利用相关软件模拟操作，也可以到生活中进行实践，然后将实践作品上传到网上，供新型职业农民相互学习借鉴，以此促进新型职业农民进行深入学习。

11.2.4 通过协作学习测评，加强协作学习能力

只有对新型职业农民进行有效约束，新型职业农民才会按时按要求完成学习任务。若没有约束力，很多新型职业农民有时就会"得过且过"，不积极参与协作学习，无法达到知识构建的目的。因此，在知识建构效果评价方面，主要采取自评、学习组长评价与教师评价相结合的方式，从新型职业农民的学习态度、学习过程和学习成果等三方面构建新型职业农民协作学习测评体系（表 11-1）进行测评。

表 11-1　新型职业农民协作学习测评体系

类别（分值）	测评项目	自评	学习组长评分	教师评分
学习态度 （15分）	乐于接受学习任务 积极配合同伴完成学习任务 坚持参与协作学习活动			

续表

类别（分值）	测评项目	自评	学习组长评分	教师评分
学习过程 （40分）	认真收集资料，自主学习资源			
	按时参与交流活动			
	互动内容质量较好、表述清晰、完整			
	在互动中能提出自己的观点			
	对同伴发布的信息能给予评价			
	积极向师生请教相关问题			
学习成果 （45分）	能帮助同伴解决问题			
	能对所学知识进行拓展			
	在同学帮助下能独立完成实践作业			

测评体系是基于国家开放大学学习网，结合新型职业农民协作学习的实际需要，由22名相关教师自主编制和设计而成，并对200名新型职业农民进行了试测，得到了新型职业农民的高度认同。该测评体系的信度和效度的具体分析如下。

1. 信度分析

从表11-2可知，问卷的三个维度的信度均在0.75以上，说明各个维度具有很高的可信度，总体信度在0.8以上，表明总体问卷具有很高的可信度。

表 11-2 可靠性分析

维度	Cronbach's α	项数
学习态度	0.828	3
学习过程	0.894	7
学习成果	0.754	2
总体信度	0.811	12

2. 效度分析

经统计，问卷的测度（Kaiser-Meyer-Olkin，KMO）值为0.827，且巴特利特（Bartlett）球形检验的显著水平为 $P<0.001$，适合做因子分析。

如表11-3所示，从方差解释来看，采用主成分提取方法，提取特征值大于1的公因子共三个，累计贡献率为69.587%。这说明这三个公因子能很好地解释前面12个题项69.587%的变异程度。

表 11-3　解释的总方差

成分	旋转载荷平方和		
	总计	方差	累计
1	4.456	37.131%	37.131%
2	2.248	18.732%	55.863%
3	1.647	13.724%	69.587%

如表 11-4 所示，经过方差最大旋转提取前三个公因子为：主成分 1（F1），学习态度；主成分 2（F2），学习过程；主成分 3（F3），学习成果。三个主成分与问卷设计维度一致，可认为其有很好的效度。

表 11-4　主成分分析

主成分	主成分		
	F1	F2	F3
B3	0.840	−0.075	−0.038
B2	0.816	−0.004	−0.069
B1	0.813	0.069	0.031
B7	0.781	0.010	0.041
B4	0.781	0.021	0.050
B5	0.775	−0.027	0.039
B6	0.773	−0.009	0.102
A1	0.013	0.889	−0.012
A3	−0.009	0.873	0.030
A2	−0.011	0.823	0.076
C2	0.042	−0.001	0.901
C1	0.034	0.087	0.897

注：主成分 F1 的 B3~B6、F2 的 A1~A2、F3 的 C2~C1 为同一个主成分

11.3　泛在学习环境下新型职业农民知识建构效果

为验证泛在学习环境下的新型职业农民知识建构过程的效果，本章选取吉林广播电视大学系统在师资和学习资源等方面都非常丰富的 27 门课程，从 2016 年 4 月到 2017 年 4 月进行为期一年的教学实践应用。通过对新型职业农民的满意度、互动行为、学习成绩及学习成果进行分析，发现泛在学习环境下新型职业农民知识建构整体应用效果好。

11.3.1　新型职业农民协作学习满意度高

本章对 1343 名新型职业农民从学习兴趣、学习意识和学习能力等三方面进行协作学习平均满意度测评。

表 11-5 结果显示，新型职业农民学习总体满意度高（92%），特别是在学习兴趣和学习意识方面，新型职业农民总体表现非常好，99%的新型职业农民认为协作学习让学习感到快乐。

表 11-5　新型职业农民协作学习平均满意度测评

测评维度	测评项目	平均满意度
学习兴趣	线上协作活动安排灵活，便于随时随地参加，学习积极性提高	92%
	线上线下活动让彼此感受到相处快乐，学习充满乐趣	99%
	在协作学习活动中可随时得到师生帮助，没有孤独感，学习兴趣增加	94%
	面授辅导生动形象，愿意参加	92%
学习意识	协作学习能更好约束自主学习过程	93%
	协作学习促进新型职业农民主动去学习	90%
	协作学习促进新型职业农民更努力学习，不愿落后他人	91%
学习能力	协作学习促使新型职业农民懂得获得知识的方法	92%
	协作学习使新型职业农民学会如何梳理和归纳知识	89%
	协作学习便于新型职业农民解决学习中的很多问题	94%
	协作学习促进新型职业农民能更深入地掌握知识	90%
	协作学习的体验性活动有助于增强实际运用能力	90%
	学习评价有助于新型职业农民认识自己的学习情况，不断提高自己	92%
	协作学习成果的分享让新型职业农民感到有成就感	94%

11.3.2　新型职业农民协作学习互动行为数高

本章依据国家开放大学学习网平台系统中的吉林广播电视大学后台数据，对新型职业农民学习行为进行分析。该系统拥有智能评价功能，从后台统计数据可知晓新型职业农民学习资源及互动参与情况。比如，新型职业农民行为数表示新型职业农民点击文本、视频、音频、PPT 等资源的次数；新型职业农民人际交互行为数表示新型职业农民在论坛、聊天室、Wiki 等需要师生互动、生生互动的模块行为次数；新型职业农民人机交互类别行为数表示新型职业农民在测验、问卷调查等方面需要新型职业农民与平台交互的模块中的行为次数。

表 11-6 的结果显示，教学试验后行为次数明显高于试验前，学生行为总数、人际互动行为频次、人机互动行为频次、学生在线天数、学生人均在线天数、资源模块利用个数、学生发帖数、学生浏览数、学生浏览行为比例分别增长 23.52%、

6.92%、58.59%、23.58%、24.97%、27.80%、20.04%、27.54%、27.90%。其中，增幅比例大都稳定在 20%左右，最低的人际互动行为频次增幅为 6.92%，人机互动行为频次增幅为 58.59%。这表明，人际互动行为发生较少，而人机互动行为发生较多，说明新型职业农民与教师互动不多。

表 11-6　新型职业农民学习资源及互动参与情况比较

类别	学生行为总数	人际互动行为频次	人机互动行为频次	学生在线天数	学生人均在线天数	资源模块利用个数	学生发帖数	学生浏览数	学生浏览行为比例
试验前	201 534	87 354	4 832	54 621	36.41	5 112	1 457	156 439	15.52%
试验后	248 938	93 400	7 663	67 502	45.50	6 533	1 749	199 523	19.85%
增幅	23.52%	6.92%	58.59%	23.58%	24.97%	27.80%	20.04%	27.54%	27.90%

11.3.3　新型职业农民协作学习成绩显著提高

本章所实践应用的 27 门课程的学习考核一直采取过程性考试代替终结性考试方式，凡是新型职业农民在网上学习一定时间并达到规定下载次数后，试卷就可为新型职业农民自动开启。统计显示，与往年成绩相比，2017 年新型职业农民学习成绩明显提高，其中，2017 年试验后与 2016 年试验前相比，新型职业农民的学习成绩平均及格率提高了 2.9 个百分点。

11.3.4　新型职业农民的学习成果具有分享价值

本章所实践应用的 27 门课程的协作学习知识构建产生了很好的学习成果。比如，"Flash 动画制作"课程形成了动画作品；"心理学"课程形成了字典词条；"旅游英语 1"课程形成了导游实践作品。这些资源都已上传课程网上实践资源库，供新型职业农民进行学习和借鉴。

11.4　泛在学习环境下影响新型职业农民知识建构的因素

基于上述实践研究发现，泛在学习环境下知识建构对提高新型职业农民知识应用能力，促进新型职业农民灵活掌握知识起到了重要作用。为进一步分析泛在学习环境下新型职业农民知识建构的影响因素，本节依托国家开放大学学习网和自主编制及设计的新型职业农民协作学习测评体系，随机选取了 200 名开展协作学习知识建构的新型职业农民，从其学习态度、学习过程、学习成果三个维度考量学习成绩的影响情况。

11.4.1 变量选取与模型设定

通常影响新型职业农民学习成绩的结果，往往是很多因素综合作用所致。本章主要考虑学习态度、学习过程、学习成果三个因素来影响新型职业农民的学习成绩。这是一个典型的多元线性回归方程问题。因此，本章设定的多元线性回归模型为 $Y=a+b_1X_1+b_2X_2+b_3X_3$。

11.4.2 回归分析与模型检验

本章选取新型职业农民学习成绩（Y）作为被解释变量（因变量），选取学习态度（X_1）、学习过程（X_2）、学习成果（X_3）作为解释变量（自变量），做回归分析。

从表11-7可知，学习态度（$B=1.317$，$P<0.001$）、学习过程（$B=0.347$，$P<0.05$）、学习成果（$B=0.357$，$P<0.05$）三个自变量均对因变量学习成绩产生显著正向影响，可以建立新型职业农民的学习成绩与学习态度、学习过程、学习成果关系的多元线性回归方程：$Y=39.328+1.317X_1+0.347X_2+0.357X_3$。模型检验统计量$F=12.828$，$P=0.000<0.001$，说明此模型显著，具有统计学意义。

表 11-7　回归分析

因素	未标准化系数 B	标准误差	标准化系数 Beta	t	显著性	B 的 95.0%置信区间 下限	上限
常量	39.328	5.905		6.660	0.000	27.682	50.973
学习态度	1.317	0.306	0.282	4.306	0.000	0.714	1.920
学习过程	0.347	0.132	0.172	2.628	0.009	0.087	0.607
学习成果	0.357	0.113	0.207	3.151	0.002	0.133	0.580

11.5　泛在学习环境下新型职业农民知识建构实施政策

本章探讨的泛在学习环境下新型职业农民知识建构策略，虽然在实际教学中取得了明显效果，但在学习能力方面有部分新型职业农民有待提高，特别是对知识梳理、归纳及应用等方面的能力还有待提升。因此，为加快推进泛在学习环境下新型职业农民知识建构的有效实施，亟须优化政策。

11.5.1 增强教师的学习支持服务能力

要促进全民终身学习，形成学习型社会，就必须提高人们的自主学习能力，而对面临生活、工作和学习三重压力的新型职业农民来说，很难有效进行自主学习，这需要增强教师的学习支持服务能力。教育行政主管部门要为从事新型职业农民知识建构的教师在职称评定等方面开辟"绿色通道"，积极吸引教师全力投入，为乡村振兴培养大批新型职业农民。开放教育部门要充分认识到培养新型职业农民的自主学习能力是开放教育的重要任务之一，要对教师在人力、物力、财力上提供大力支持。教师要大力引导新型职业农民进行有效学习，从"要我学"变成"我要学"，要深入了解新型职业农民的特点，掌握新型职业农民学习课程特色，熟悉科学教学策略，有一定的创新精神和奉献精神。

11.5.2 开拓新型职业农民实践学习途径

要真正实现新型职业农民深入学习知识，就必须为新型职业农民提供可进行实践应用的场所和环境。因此，教育行政主管部门要加强新型职业农民实践基地基础条件建设，认定和扶持一批新型职业农民实践基地；开放教育部门要不定期组织新型职业农民去实践基地学习和观摩，或利用线下模拟教室或实验室开展实践活动。同时要开发便于新型职业农民实践的网上软件或系统，特别是基于情境感知的系统，让新型职业农民随时随地进行体验式交流和学习，确保新型职业农民在实践基础上形成共享知识。

11.5.3 设计有价值的协作学习主题资源

协作学习主题设计直接影响知识建构效果。只需进行简单描述的学习主题只是对课程知识的再现，并不能促进新型职业农民进一步拓展学习与深度学习。因此，开放教育部门既要对教师进行不定期知识更新和岗位练兵，也要对新型职业农民提出明确要求，严格做到学习主题具有价值性，并要层层剖析拓展相关概念和知识，做到对实际应用具有重要指导意义。教师要根据课程性质和特点及新型职业农民工作需求，选择适当的实践性较强的学习任务让新型职业农民共同完成。提供实用、有针对性的学习资源是新型职业农民有效进行知识建构的前提。在泛在学习环境下，学习资源要满足新型职业农民个性化学习需求，不仅可随时随地进行学习，而且可根据自己需要和喜好选择适当的资源进行学习。这些学习资源的内容要与协作学习主题紧密联系，这是保障顺利开展交流讨论的基础。

总的来说，在泛在学习环境下研究新型职业农民知识构建，是一种行之有效的新型职业农民培育方式。通过研究发现，学习过程是影响新型职业农民协作学习成绩的主要因素之一。因此，必须高度重视新型职业农民的学习过程管理，同时也必须重视学习成果的应用，这是确保新型职业农民培育质量的关键要素所在。

第12章　新型职业农民培育OTO教学模式构建

OTO原意是指将线上的消费群体带到实体商店去，在线支付线上购买的商品或服务，再到线下去享受，以缩短消费者线上到线下决策和购买时间的新型电子商务模式。按照这个原理，本章尝试将其作为一种以信息技术和教学设计为核心的现代教育技术手段应用到新型职业农民培育实践中，很有可能会充分满足新型职业农民在泛在学习体系中的教学要求，更好保障新型职业农民线上线下教学质量。

目前，关于新型职业农民的教学模式，学术界从不同方面进行了探究。例如，Ren等（2015）、霍生平等（2016）分别通过构建新型职业农民知识分享空间和远程教育平台，实现新型职业农民教学过程；李义东和姜安心（2017）从新型职业农民培育工作着手，分析了新型职业农民的培育方向，介绍了国内外新型职业农民培育工作，详细探讨了我国新型职业农民培育工程教学模式创新策略；张天琪（2018）通过分析"胡格教学模式"的特点、含义、基本原则等，结合新型职业农民自身特点及教育培训实际情况，将胡格模式教学应用于"农产品品鉴"课程中，从课程内容设计、教学方法、课堂组织等方面进行了尝试，达到了较好的效果，为新型职业农民教育培育模式的改革与创新提供了借鉴；王春艳等（2018）分析了影响新型职业农民培育的因素，阐述了新型职业农民培育教学模式，包含设置科学合理的教学培训课程、设置理论与实践相结合的教学模式、创新教学模式和方法、合理选择培训教材、做好后续田间教学指导与跟踪指导服务、利用现代化培训手段教学等，以期有效提高新型职业农民的整体素质。从国内外研究现状看，学术界将OTO模式应用于乳品行业、家电行业等方面的研究较多，应用于网上教学的研究成果很少，尤其是有关如何更好地将其应用于新型职业农民培育线上线下教学实践的研究成果尚未见报道，事实上这是新型职业农民培育教学改革亟须解决的重要问题。

12.1 新型职业农民培育OTO教学模式基本程序

12.1.1 精准把握线上教学设计策略

（1）依托互联网媒介实现方便化。新型职业农民培育教师将制作的电子书、微视频、PPT和CAI等课件资源，通过网络平台、手机App、QQ群、微博、微信等现代媒体下载到手机，这既可满足新型职业农民在田间地头劳作间隙随时随地利用闲暇、零碎时间学习的意愿，让新型职业农民不到校就可对各类信息了如指掌，适时参与教学过程中的提问、发言、讨论等，又可满足新型职业农民全天候、多角度学习的需要；既可在线查询、阅读数据库中的信息，又可通过快捷、简单而实用的教学软件模拟教学过程，还可通过E-mail、BBS（bulletin board system，电子公告板）向教师提问、质疑和求教。

（2）运用现代媒体力求个性化。新型职业农民培育教师让新型职业农民通过现代媒体实现个性化的一对一远距离交互教学，设计出在既定教学目标框架内新型职业农民需要的学习资源与学习环境，充分考虑新型职业农民的原有知识能力、认知水平、个体风格等特点，在教学目标上强调创造性发展，在课程内容上注重新型职业农民经验的积累，在教学方法上主张放手让新型职业农民自我选择，在体验和分享中实现个性化突破，以此充分调动新型职业农民学习的主动性和积极性。

（3）通过教学设计达到科学化。教学设计是将教育教学理论、学习与传播理论应用于设计教学系统，创造性地解决教学过程中资源、活动、支持、服务、评价和反馈等问题的过程。新型职业农民培育的教学设计，需从新型职业农民使用角度出发，体现教学内容的全面性、实用性、共享性、新颖性、个性化、趣味性、便利性，让新型职业农民在网上学习选择多样化的学习资源，使设计的课件与数字资源有不同级别和难度，达到新型职业农民乐学乐选的目的。

12.1.2 创新新型职业农民线下教学方式

教学的最高境界是知行合一，最直接的方式是理论结合实践，并把感性认识在行动中具象化。OTO模式的关键在于如何通过线下查漏补缺、收集反馈信息，并通过导学预约方式现场解决传统教学中一知半解或知其然而不知其所以然的"夹生饭"问题。

1. 创新预约服务

新型职业农民培育教师可通过QQ、微信、电话、新型职业农民在线培训平台等媒介将课程预约到农业龙头企业进行授课，以突显 OTO 模式线下贴近与服务新型职业农民的优越性。教学时可先请该企业的导师介绍当地现代农业发展状况和企业运营策略，此后，新型职业农民培育教师再结合 PPT 演示指导新型职业农民在电脑上进行实践操作。新型职业农民普遍反映，这种方式直观、易学、易懂、实用。此外，新型职业农民培育教师也可将课程预约到家庭农场进行授课，让新型职业农民观摩如何运营家庭农场，深入了解"线上线下"这种新型电子商务运作模式，亲身体验现代微商是通过"以人为中心做人的关系"来取代传统店铺"以商品为中心做货的生意"的运作模式，让新型职业农民深切体悟到课本知识与现实生活的紧密相连性，明白农业创业的全过程，激起争做创客的热潮。可见，预约服务教学模式，不仅能增进新型职业农民与教师的感情，增强新型职业农民的学习动力，而且能提高新型职业农民的学习和实践效果。

2. 打磨导学过程

新型职业农民培育教师需要通过勤和精来给新型职业农民提供专业化、个性化的教学服务。勤是搞好教学的前提，也是磨炼耐心、提高专业水平的过程；精是打磨教学环节的关键，需要反复推敲斟酌才能打磨成型。新型职业农民培育教师要精心把握教学细节、详细记载教学活动时间地点，发现共性问题，排查个性差异，有针对性地进行因材施教，对有价值和值得进一步思考、发散的问题进行深层次研究。

3. 做实教学效果

为提高新型职业农民线上线下培训效果，需要从三个方面着力。一是针对新型职业农民学习情况和具体教学条件，把教学与生产生活实际相联系，突出课程特征，挖掘相关教学资源。优化教学内容，调整教学策略，提高教学质量，采用课堂、现场、案例、项目、启发、讨论等教学方式提高新型职业农民知识运用能力，尽可能做到理论联系实际，融知识传授、能力培养、素质教育于一体。二是通过"问题解决式"引导新型职业农民进行自主探究学习，让新型职业农民在教师的启发、引导、点拨、帮助下增强解决问题的能力，体验在解疑中掌握知识与能力的过程。三是通过传授知识与技能、过程与方法、情感态度与价值观念，帮助新型职业农民深层次理解科学、技术和社会的互动与关联，知晓自然界奥秘和事物真谛，形成正确世界观与科学方法论。

12.2 推动新型职业农民培育OTO教学模式应用

12.2.1 培养教师综合能力

OTO教学模式要求新型职业农民培育教师坚持重资源、重应用、重互动、重融合、重创新的原则，通过生活、课程、教学、管理、情景、对象等方面实现教育信息技术与教师职业生涯深度融合，将教育信息技术融入课程开发、教师命题、教学评价、试卷分析、教学反馈、作业批改、学情诊断、教学反思、档案梳理、日志撰写、资源应用、同行分享、专家访谈、交流沟通等环节；通过呈现、查询、交流、扩展、合作、探究、整合、评价等手段，将管理、服务和优质资源高效输送给新型职业农民，获取新型职业农民的配合、理解和支持。新型职业农民培育教师还要结合新形势下现存的、潜存的和未来的各种规律与现象，与时俱进逐一在新型职业农民培育中实现融合。要求新型职业农民培育教师学习能力超越教育变革速度，具有跨学科知识结构和数字素养，具备文字处理、PPT制作、收发邮件、网页设计、课件制作、动漫编辑、教学专用计算机软件等基本教学能力，为新型职业农民创造全方位的虚拟学习环境，能熟练运用白板、一体台式教室数字讲台等现代化教学设施，把板书内容推送到新型职业农民的平板电脑上，新型职业农民可随时将作业答案和测评情况发送给教师，实现师生间跨时空、及时性交互与反馈，让每位新型职业农民能集中精力跟随与思考学习问题。

12.2.2 建立导学预约制度

为加强新型职业农民培育的内涵建设，解决OTO教学模式中网上教学与面授组织难的问题，促进师生双边有效开展教学活动，需要建立导学预约制度，明确导学预约概念，预约导学活动中具体时间、场所、内容和方式，既可以是教师预约新型职业农民，也可以是新型职业农民预约教师，预约导学内容，既可由教师在学期内所开课程中选择，也可由新型职业农民自定。要求新型职业农民妥善处理好工学矛盾，积极主动参加导学预约活动。新型职业农民培育部门要提前做好每次的课程开设、教师面授、科目辅导、时间地点安排、课表制定与信息分发准备，负责教师导学预约活动的监督、检查、记录、核查与核算工作。导学过程中以案例和体验式教学强化培训效果，运用现代科技手段增强教学时代性，利用延伸教学丰富学习生活。激发新型职业农民学习热情和兴趣，促其做到勤思考、善动脑、多动手、会应用，紧扣培训知识和技能主线，重过程、重应用、重体验、重训练，理论联系实际、学以致用，从"知识与技能、过程与方法、情感态度与价值观"等方面拉近师生距离，通过心与心的交流融洽师生关系。

12.2.3 加强教学质量监管

新型职业农民培育部门要建立完整、有效、可持续发展的教学质量管理体系，全程监控和跟踪服务新型职业农民学习过程，全面掌握新型职业农民在自学过程中的学习需求和遇到的具体问题，指导、督促其合理利用学习时间和资源，处理好工学矛盾。一是规范标准化流程。坚决执行农业农村部新型职业农民培训规范，建立新型职业农民教师资源库，定期开展研讨与交流活动，实现平台互动、视频会议、QQ 群交流日常化，集中培训常态化。二是科学量化考核指标。新型职业农民培育部门需要建立方便快捷、易于操作的网络报名系统和培训管理系统，满足新型职业农民随时通过网络传递双方的要求和期望，了解彼此需求，实现人人、时时、处处、事事的学习愿景，实现网络测试和线下实践操练，满足新型职业农民在完成形成性考核或课程要求学时的前提下随时约考，试题以主观题为主，减少客观题。实行第三方教学质量评价，确保评价科学性、权威性，确保教学质量不断提高。三是实行平均学分绩点管理与互换。实行灵活而自由的选课制取得学分，新型职业农民可根据自己需要自主支配学习时间和兴趣，自主选择各种课程，组合学习计划，培养新型职业农民动手、动脑等综合能力与素养。建立简便灵活、新型职业农民可自主操作的学分互换制度，使其可信度、便捷度与银行系统的诚信度检测一样，鼠标一点或手机一输便可实现轻松兑换学分。四是制定行之有效的办法强化网络自学课程时的过程监管，防止个别不自觉者"混时间、挂课程"等侥幸现象发生。比如，在统计新型职业农民学习时间和专注程度时隔三岔五地提一些与内容同步的问题，不回答的停止持续计时或播放。

12.2.4 强化教学团队建设

线上培训是新型职业农民获取知识的重要渠道，需要在教学团队、教学主题上着力。一是组建新型职业农民培育线上教学团队。尽管农业农村部组建了全国新型职业农民培育师资库，搭建了全国新型职业农民培育师资库信息管理平台，在新型职业农民教学团队建设方面有了"量"的突破，但受认识局限、环境制约、学科特性、个体差异、考核评价、经验匮乏等影响，新型职业农民线上教学还有许多新技术要学习、新领域要开拓、新手段要实践，需要出台教学团队建设标准、遵循原则和长远规划。在环境支持上加强制度建设和资源投入，在内部建构上加强团队目标责任管理，让每位团队成员充分发挥其智慧和潜能，打造教学团队核心竞争力。二是精选新型职业农民培育教学主题。建设一批能体现新型职业农民培育特色、适应信息技术背景下新型职业农民需求的高品质精品课程，全面提升新型职业农民培育课程建设能力。比如，引导新型职业农民通过微商这种新型的电商模式宣传运营乡村人文景观、风土人情、农副特产，让农村的绿水青山变成金山银山，让农副特产成为变现致富的资本；通过毛遂自荐、单位推荐、专家审核、专业评审等办法，聘请专家教授、行家里手、一线技术能手分别担任新型职业农民教学团队的主讲、骨干和辅导教师，形成三级梯队协同工作机制，通过例行座谈、定期沙龙等形式开展专题研讨，以更多的言论表达和思想沟通，更快、更直接地对宏观世界进行了解与把控，促进教学团队自身和服务对象在时空交流上的无缝对接。

12.2.5　夯实线下教学根基

新型职业农民培育要与新时代相结合，要以党的十九大提出的"实施乡村振兴战略"和2018年中央一号文件中"谱写新时代乡村全面振兴新篇章"为指引，以"农村供给侧结构性改革"为契机夯实线下教学根基。一是针对新型职业农民居住环境、村民身份、职业等转变情况，对新型职业农民"换环境、换习性、换行业、换智能"后的生活习惯、生存技能、管理方式开展精准适应性培训。二是以创新创业为契入点培育新型职业农民中的领跑者，通过实地开展生产生活技能为主的农业职业指导和农业技能培训，转变其就业观念，由城市就业创业转为乡村就业创业，增强其乡村就业创业能力。对接"旅游观光、乡土餐饮、休闲度假、瓜果蔬菜、生态采摘、品茶避暑、汉江垂钓、绿水青山"等项目，重点开展大棚蔬菜种植、科学生态养殖技术和休闲旅游观光培训。三是在美丽乡村建设中让乡村记忆永驻心间，既要传播现代化的观念、传授先进的科学技术，更要通过耳口相传或专项活动增强乡村优秀传统文化保护与传承意识；挖掘民间非物质文化遗产资源，孕育乡村特色文化企业，提高新型职业农民物质生活水平与精神追求。四是提高新型职业农民生存能力和生活品质。针对人口老龄化、教育现代化和学习型社会发展需求，提高新型职业农民幸福指数所需的物质诉求、生活品质和文化品位，做好新型职业农民养生保健、安全防骗、休闲游玩等培训工作。

12.3　新型职业农民培育OTO教学模式的推行政策

习近平"九字"（爱农业、懂技术、善经营）定义新型职业农民，对新型职业农民培育提出了很高的要求，这不仅需要有创新的教学模式，还需要有强有力的政策推行，方能确保有效的教学模式落地生根，才能加快培育爱农业、懂技术、善经营的新型职业农民。

12.3.1 深化认识，统一思想

新型职业农民培育不是简单地从事短期培训，而是需要深入地长期开展教学，践行终身学习的理念。为此，各有关部门要进一步深化认识，将思想统一到习近平"九字"定义新型职业农民的精神上来，坚决打赢新型职业农民培育 OTO 模式教学持久战，让新型职业农民有先进的农业从业思想，自觉成为乡村振兴的主力军，加快推进乡村全面振兴。

12.3.2 强化领导，狠抓落地

有效推行新型职业农民培育 OTO 教学模式，需要组织、教育、农业农村等相关行政主管部门联动，建立强有力的联席会议制度，协商研究解决一些重要问题，为高校和有关教育培训机构施行新型职业农民培育 OTO 教学模式提供充足的人、财、物支持，要求这些机构有序组织与科学引导新型职业农民学习，确保新型职业农民掌握现代农业经营管理知识与农业科技知识，真正为乡村振兴培育大批优秀的新型职业农民。

12.3.3 立足乡情，服务乡村

实现 OTO 教学模式融会贯通，既需要政府、有志于服务三农的企业和新型职业农民共同努力，更需要高校和有关教育培训机构在新型职业农民培育过程中，立足村貌民意，突出重点，抓住要点，巧接地气，不走老路，少走弯路，为推动农民职业化夯实根基，加快实现农民成为有吸引力的职业。

第13章　新型职业农民协同培育模式构建

2018年中央一号文件提出，实施乡村振兴战略，必须立足国情农情，顺势而为，切实增强责任感、使命感、紧迫感，举全党、全国、全社会之力，以更大的决心、更明确的目标、更有力的举措，推动农业全面升级、农村全面进步、农民全面发展，谱写新时代乡村全面振兴新篇章。在"四个全面发展"中，"农民全面发展"是主体，是农民的自然素质、社会素质和专业素质的全面发展。新型职业农民全面发展是实施乡村振兴战略的重要抓手，是农业农村优先发展的必然要求，也是农业农村改革发展的必然选择。新时代农民适应生产力发展和市场竞争的能力不足，新型职业农民队伍建设亟须加强。新型职业农民是我国最大的发展主体，新型职业农民全面发展是我国乡村发展面临的最大难题。在当前形势下，推动新型职业农民全面发展需要加强组织领导，多管齐下，发挥多方面协同作用，形成工作合力，构建"一指导、四教育、三加强"的新型职业农民全面发展协同培育模式，培育大批爱农业、懂技术、善经营的新型职业农民，是习近平对各级党委政府寄予的深情厚望，是实施乡村振兴战略亟须解决的一个重大教育问题，需要长期持续不断地精准施策，为乡村全面振兴发挥生力军作用。

13.1　新型职业农民培育模式研究概述

"培育"有三种释义：一是培养幼小生物，使其发育成长；二是指使某种情感得到发展；三是培养教育。本章所指的"新型职业农民培育"是指按照一定目的，有计划、有步骤地长期对新型职业农民进行培养、教育，使新型职业农民得到全面发展。模式的内涵可以从三个方面进行理解：一是把解决某类问题的方法归纳到理论高度；二是解决某一问题的方法论；三是使别人可以照着做的标准样式。提高新型职业农民培育质量，必须要有好的培育模式先行。新型职业农民培育模式是指为推动新型职业农民全面发展，而在培育过程中对新型职业农民培育制度、培育方法等多方面进行固化和规范，使其具有效仿和普遍推广应用的作用。我国学者从有利于提高新型职业农民培育质量的角度出发，探究新型职业农民培育之道。郭智奇等（2012）指出，要通过进一步明确政府责任、完善工作运行机制、推进教育政策向农民倾斜、加大财政投入，改善教育培训条件、推行农业职业资格准入制度、加快农民教育立法等工作来培育职业农民。吴易雄（2014a）提出，构建"农业高校+现代农业示范区+返乡务农"的"三位一体"新型职业农民培养模式，并认为要有效推行这种模式，需要有效利用各种资源，从硬件和软件上加强建设，才能实现提升新型职业农民培养能力的目标。华芳英（2015）提出，构建农民终身教育培训一体化模式，要明确素质与技能、学历与非学历的多层次培养目标；探索学校教育、家庭教育、社会教育多条线有机结合的农民职业教育联动机制；要明确牵头部门的职责与任务，明确相关职能部门的职责与任务；还要根据不同农民群体设计多层面的现代新型职业农民培养方案。刘德敏等（2016）形成了以学科为支撑、以项目为载体的新生代高级职业农民培育新模式。

不难发现，我国学者都在寻求不同的新型职业农民培育模式，目的在于有效提高新型职业农民的培育质量，但是，究竟何种培育模式最好，实际工作部门更倾向于采用何种培育模式，学者并没有做出科学评价。特别是从推动新型职业农民全面发展的层面构建新型职业农民协同培育模式的成果尚未被报道，因而本章首次提出"一指导、四教育、三加强"的新型职业农民全面发展协同培育模式，在实际工作中必将具有重要的应用价值。

13.2 新型职业农民全面发展内涵

人的全面发展最根本的是指人的劳动能力的全面发展，即人的智力和体力的充分、统一的发展。同时，也包括人的才能、志趣和道德品质的多方面发展。人的综合素质包括自然素质、社会素质和专业素质，即分为三个层次。第一层次是自然素质，主要指人生来就具有的生理素质和心理素质。第二层次是社会素质，指人在自然素质的基础上，通过后天的进一步学习与实践而形成的素质，其中包括思想政治素质、科学文化素质、身体素质、审美素质、情感素质和劳动实践素质六个方面。第三层次是专业素质，指人在自己所从事的职业，即完成自己所承担的专业工作中，作为实践主体所表现出来的活动质量和水平，包括完成任务所必须具备的专业知识和技能、职业道德等。新型职业农民全面发展是人的全面发展在新型职业农民身上的具体体现，有赖于综合素质的提高，尤其在"互联网+"时代要提高新型职业农民的思想政治素质、科学文化素质、经营管理素质、信息素质、法律素质和身心素质。

13.3 新型职业农民全面发展协同培育模式

在新时代,促进新型职业农民全面发展,科学构建"一指导、四教育、三加强"协同培育模式具有重要的实践价值。"一指导"即以习近平新时代中国特色社会主义思想为指导;"四教育"即发展农业职业教育、开展精神教育活动、开展专业素养培训及加强新型职业农民体育活动等四类教育;"三加强"即加强农村信息化数字工程建设、加强农村一二三产业深度融合、加强农村环境问题综合治理。

13.3.1 新型职业农民培育"一指导"

以习近平新时代中国特色社会主义思想为指导,全面贯彻落实习近平新时代中国特色社会主义思想和党的二十大及中央一号文件精神,实施乡村振兴战略,走中国特色社会主义乡村振兴道路。立足"大国小农"的基本国情农情,着力推动农业全面升级、农村全面进步、新型职业农民全面发展,把乡村建设好,让新型职业农民有更多获得感、满足感和幸福感。

13.3.2 新型职业农民培育"四教育"

为推动新型职业农民全面发展,亟须大力发展农业职业教育,开展各类精神教育活动、专业素养培训和体育活动。

1. 发展农业职业教育

习近平指出,"要推动乡村人才振兴,把人力资本开发放在首要位置,强化乡村振兴人才支撑,加快培育新型农业经营主体,让愿意留在乡村、建设家乡的人留得安心,让愿意上山下乡、回报乡村的人更有信心,激励各类人才在农村广阔天地大施所能、大展才华、大显身手,打造一支强大的乡村振兴人才队伍,在乡村形成人才、土地、资金、产业汇聚的良性循环"[①]。农业职业教育主要面向广大的新型职业农民,培育新型职业农民适应广阔的农村、广博的农业,务必从以下几个方面发力:一是要主动走进农村,拓展办学空间,主动结合产业开发实用课程,主动面向新型职业农民探索培育模式;二是从方法上要实现由单一向多元转变,实现农业职业教育办学多元化,构建多方融合、多维拓展的办学机制;三是从内容上要实现从抽象向具体转变,改变中国几千年留下的传统农业"务农辛苦不赚钱"的现象,要让现代农业走进农村,做出样板给新型职业农民看,用具体

---

① 《乡村振兴要把人力资本开发放在首要位置》,http://www.hubei.gov.cn/zhuanti/2017zt/sjdjs/bgjd/jd/201808/t20180820_1331351.shtml[2018-08-20]。

的案例去引导新型职业农民学习,让新型职业农民看得懂、学得会、做得好;四是从目标上要实现从服务向引领转变,要通过农业职业教育让新型职业农民成为产业发展的"领跑者",充分发挥农业职业教育在促进新型职业农民全面发展上的天然优势,结合不同区域特点,主动引导和带领新型职业农民发展特色产业,同时构建全产业链的产业模式和人才培养模式,实现人才培养与产业发展紧密结合。

2. 开展精神教育活动

习近平强调,"要推动乡村文化振兴,加强农村思想道德建设和公共文化建设,以社会主义核心价值观为引领,深入挖掘优秀传统农耕文化蕴含的思想观念、人文精神、道德规范,培育挖掘乡土文化人才,弘扬主旋律和社会正气,培育文明乡风、良好家风、淳朴民风,改善农民精神风貌,提高乡村社会文明程度,焕发乡村文明新气象"[①]。重视农村精神文明建设,要积极正面宣传国家的政策和思想,对新型职业农民进行世界观、人生观、价值观教育及致富观念等思想教育,通过培育改变新型职业农民先前落后的思想观念,提高新型职业农民的政治道德水平,激发新型职业农民学习和创业的热情。下力开展生态道德教育,帮助新型职业农民树立绿色消费理念,提倡适度消费,厉行节约。积极开展心理健康教育,关注新型职业农民的心理健康发展。切实加大宣传力度,从新型职业农民身边选典型,形成良好的村风,繁荣兴盛农村文化。可利用农村村委会对新型职业农民进行教育、管理。比如,利用乡、村、校召开会议时机,把健康生活、环保理念适时而有机地带入会场;利用农闲时节走村入户,言传身教,办老百姓看得见、摸得着的实事,以此调动新型职业农民的积极性;利用村委会的有线广播、电化教育、村头板报、科普报告会等载体进行教育。同时村委会可将精神文明教育、生态道德教育寓于各种喜闻乐见的群众活动中,如广场舞、赶集、庙会等,增强知识性、趣味性,在潜移默化中达到教育目的,促进新型职业农民思想道德、心理素质等精神素养的提升。

3. 开展专业素养培训

针对新型职业农民开展各种培训,不但要符合新型职业农民职业角色特点,还要符合新型职业农民学习方式特点,可采用"三结合"培训方式。一是采用创新型专业协会与"合作组织+理论培训"和"实践应用+在线培训"及现场培训有机结合的方式,广泛普及专业素养知识,如信息素养培训,既可组建以市场为导向、以新型职业农民为基础、以互联网+农业龙头企业为核心的信息化链,使新型职业农民直接参与并成为信息化链中的信息节点,让参与的新型职业农民学习者

---

① 《大力推动乡村文化振兴》,https://m.gmw.cn/baijia/2022-03/16/35589822.html[2022-03-16]。

更深刻地理解掌握、分析处理和交流应用信息化技术工具,又可开发以手机为终端主体的学习模式,通过语音、视频等方式实现随时随地解决农业生产过程中遇到的问题,逐渐培养新型职业农民自主学习和终身学习的能力。二是采用现代市场需求、农业产业发展和新型职业农民意愿有机结合的方式,优化配置科技文化、经营管理、信息、法律等培训内容、形式、方法、手段和建立培训过程反馈机制,推动新型职业农民的普通培训、重点培训和学历教育有机结合,促进新型职业农民综合素质提高,实现新型职业农民培育与现代农业产业转型升级发展。三是采用理论培训、实践应用、培训管理制度与绩效考核有机结合的方式,不断创新培训的内容和方法,不断规范培训的管理监督,进一步保障新型职业农民培训质量,促进新型职业农民科学文化、经营管理、信息、法律等方面的素养的提升。此外,在培训的同时,加强农业科技下乡活动,除开展科技大篷车下乡、"万人工程"等活动外,还可常年坚持提供农业技术服务,在各县市、各乡镇设立农业技术服务站,及时派出农业技术员对新型职业农民的生产活动提供技术指导,引导新型职业农民积极总结自己的生产实践经验,将农业技术指导与农业新技术服务下乡有机结合起来,让新型职业农民学到更多的农业科技知识和技能,促进新型职业农民的科技素养的提升。

4. 加强新型职业农民体育活动

在乡村增设健身器材,创造条件,多组织新型职业农民运动会或趣味运动会,开展广场舞、健身操、跳绳、篮球、龙舟、舞龙等比赛活动,这既丰富了新型职业农民的业余生活,也促使了新型职业农民多参加体育锻炼,增强了新型职业农民的体质。同时,逐步建立针对老年人、中年人、年轻人等不同年龄阶段的新型职业农民群体定期体检制度,也可考虑将老年人体检间隔时间缩短一些,有条件的地方建立年度体检制度,中年人体检间隔时间稍长一些,年轻人体检间隔时间更长一点。此外,还要加强对新型职业农民农村保健养生知识的推广,完善乡村医疗系统,共同促进新型职业农民的身体素质的提升。

13.3.3 新型职业农民培育"三加强"

推动新型职业农民全面发展,需要在加强农村信息化数字工程建设、加强农村一二三产业深度融合、加强农村环境问题综合治理"三加强"上有重大突破。

1. 加强农村信息化数字工程建设

Montes 等(2014)提出,通过学习共同体获得开放教育资源(open educational resources,OER)的附加价值和知识共享的理念,增加人们的知识和技能。财政部（2016）提出，鼓励各地结合实际利用信息化手段开展培育工作，探索农民接受在线教育培训、移动互联服务和在线管理考核等方式，提高培育针对性、有效性和规范性。因此，要充分利用新一代信息技术，发挥无线移动网络、互联网、物联网、人工智能、宽带数据传输等独特的技术优势，建立和完善具资源共享、交互贯通、统一规划等特点为一体的全方位、立体式的专业化农村信息化网络系统，为新型职业农民科技、经营管理、信息化、法律等各类素养提升提供平台基础和技术支持。例如，陕西杨凌乾兴农林新科技有限公司创办的农业专家远程农民职业教育，就是通过建立网络媒体传播教育培训技术手段平台，在地方政府、农业专家、农业大户和其他农户间构建方便、快捷、有效的网络服务系统，即根据农民需求制订教育培训计划，利用现代网络技术制作实用技术多媒体课件，开发教育培训信息资源，开通农业信息网络，与农民进行线上互动，通过网络咨询和解答疑惑，及时解决农业生产经营问题，提供网络媒体全方位服务。

2. 加强农村一二三产业深度融合

习近平强调，"要推动乡村产业振兴，紧紧围绕发展现代农业，围绕农村一二三产业融合发展，构建乡村产业体系，实现产业兴旺，把产业发展落到促进农民增收上来"[①]。要发展现代农业，确保国家粮食安全，调整优化农业结构，加快构建现代农业产业体系、生产体系、经营体系，推进农业由增产导向转向提质导向，提高农业创新力、竞争力、全要素生产率，提高农业质量、效益、整体素质。在生产实践中，促使新型职业农民不断学习新知识、掌握新技能、提升综合素养，同时将发展观、安全观、合作观、文明观和治理观融入农产品品牌创建要素，实现农产品品牌生态化、价值化、标准化、产业化和资本化。例如，山西省平遥县为发展乡村旅游业，强调培训项目与区域产业结合、培训内容与农民需求结合、理论学习与实践培训结合，即培训对象和培训项目由培训机构和乡政府、村委决定，培训内容由培训机构和培训对象构建，将课堂、农家和企业结合，教育与产业融合，培育"专业、经营、创新人才"的复合型新型职业农民。

3. 加强农村环境问题综合治理

习近平指出，"要推动乡村生态振兴，坚持绿色发展，加强农村突出环境问题综合治理，扎实实施农村人居环境整治三年行动计划，推进农村'厕所革命'，完善农村生活设施，打造农民安居乐业的美丽家园，让良好生态成为乡村振兴支撑

---

① 《实现乡村振兴要答好三题》，http://theory.people.com.cn/n1/2019/0827/c40531-31318775.html[2019-08-27]。

点"[1]。因此，要发挥生态环境和社会环境培育新型职业农民的作用，保护和打造风景宜人、空气清新的生态环境，构建和谐友爱、互帮互助的社会环境，推进乡村绿色发展，营造农村的新村风、新气象、新氛围，力促乡村振兴，让农业强、农民富、农村美，留住新型职业农民，促进新型职业农民全面发展。

13.4 全面建立新型职业农民培育制度

"一指导、四教育、三加强"的新型职业农民协同培育模式作为一个系统，需要相互配合、相互促进、相互保障、协同发展。当前新型职业农民培育亟待完善青年务农制度、土地流转制度、产业扶持制度、多元投入制度、跟踪服务制度、社会保障制度等。通过全面建立新型职业农民培育制度共同促进新型职业农民协同培育模式落地，着力推动新型职业农民全面发展。

13.4.1 青年务农制度

以保证农业后继有人为目标，开展农业后继者培育，将回乡务农创业的大学生、初高中毕业生、青壮年农民工和退役军人等作为培育重点，纳入新型职业农民培育计划。实施现代青年农场主计划，进行培训指导、创业孵化、认定管理、政策扶持和跟踪服务等系统培育。实施大学生返乡创业行动，引导大学生返乡创业，成为职业经理人、农民合作社领办人、农业企业家和农业社会化服务组织负责人。支持中高等农业院校办好农科专业，招录农村青年，培养爱农、懂农、务农的年轻农民。鼓励中高等农业职业院校毕业生回乡务农创业，制定有利于务农农民、返乡农民工、农业类大学生把农业作为终生职业的政策。

13.4.2 土地流转制度

解决新型职业农民土地资源问题，建立规范有序的集体土地流转制度，尊重农民的主体地位，保护农民的土地合法权益，实现承包经营权属证书标准化、土地承包经营权登记制度化、土地承包管理信息化。推进农村产权制度改革，重点在土地承包经营权证、土地流转平台、土地流转方式及相关的土地流转政策法规等方面突破，引导农村土地承包经营权向职业农民流转，发展多种形式的适度规模经营。

---

[1] 《关于乡村振兴 总书记这样强调》，http://www.hbdsw.org.cn/xxyd/llzd/202103/t20210322_172322_2.shtml [2021-03-22]。

13.4.3 产业扶持制度

将农业项目及补贴限定由新型职业农民承担，扶持新型职业农民发展产业。对本地户籍返乡创业的农业类大学毕业生进行创业扶持补贴。进一步完善农业补贴，通过粮食生产补贴增加农业劳动力收入，缓减农业劳动力向非农产业迁移。对已认定的新型职业农民，补助生产用房的搭建费用，可按承包面积搭建简易的生产用房，用于贮存农业生产资料，实行产业发展全过程指导和服务。

13.4.4 多元投入制度

各级政府承担新型职业农民培育投资责任，参照义务教育、农村医疗的做法，按照培训持证新型职业农民数量，测算经费投入标准，并明确各级财政承担比例，建立新型职业农民培育专项资金，列入各级财政预算，用于新型职业农民的教育培训、技能鉴定及引导扶持，建立新型职业农民培育经费稳定增长机制，引导社会群体或个体投资新型职业农民培育，搭建新型职业农民与社会资本的桥梁，解决新型职业农民农业发展资金问题。

13.4.5 跟踪服务制度

制定新型职业农民培育跟踪服务管理办法，成立新型职业农民跟踪服务领导小组，打造跟踪服务工作平台，重点推进以"精准式服务"与"多极化服务"方式服务职业农民，将新型职业农民"扶上马、送一程"。"精准式服务"是在基层农技推广队伍中，遴选一批技术人员与新型职业农民对接，实现从产业发展规划制订、生产布局、模式组装，到生产中的技术指导、产品贮藏、加工、市场信息、产品营销等各环节进行服务。"多极化服务"是利用移动互联农技推广服务云平台、农信通、农业科技网络书屋等信息化服务手段进行服务。

13.4.6 社会保障制度

成立新型职业农民发展基金，赋予新型职业农民与城镇职工享受同等的社会保险、社会救助、社会福利、优抚安置、社会互助等社会保障待遇，建立财政资助的农业专项贷款体系，简化新型职业农民农业从业贷款手续和降低门槛，实行农业保险全覆盖，让新型职业农民拥有如同体制内干部一样的"工作证"，进一步稳定新型职业农民队伍。

第14章　新型职业农民生鲜农产品电商发展

随着强农惠农富农政策的持续跟进，电商业逐渐在农村发展，国内外学术界也将研究视角转向农村，从不同层面针对农产品电商展开研究。

从国外看，代表性的学者及其观点包括：Banker 和 Mitras（2007）通过研究印度咖啡在线拍卖案例，提出如何构建农产品电商供应链采购模型；Wen（2007）通过比较分析，开发出一个电子智能销售系统，创造性提出一种用于农产品电商的模式，为生鲜农产品电商发展做了准备；Dabbene 等（2008）通过对生鲜农产品供应链作充分的研究，把生鲜农产品易腐的特性以及环境的不确定性考虑在内，把保证农产品品质和控制物流成本作为目标，对生鲜农产品的供应链流程进行了优化，从而提出了一种新的模型方法；Galtier（2014）则从农产品市场交易角度出发，分析了 MIS（市场信息系统）的不同模式和创新点，提出了要建立完善的农产品 MIS，通过市场的透明化支持农产品电商化的发展。

从国内看，代表性的学者及其观点包括：杜伟（2015）从用户体验出发分析我国生鲜农产品电子商务的发展，影响用户体验的要素主要有品牌、生鲜产品、生鲜电商网站、购物流程、物流和售后，这六点的发展影响着生鲜农产品电商化的发展程度；黄敏（2016）通过对上海菜管家的实证研究发现其存在成本压力大、利润空间下降、服务半径较短和产品缺乏特色的问题，还对比分析不同生鲜农产品电商企业之间的运营模式，提出基础层、核心层和支撑层的优化建议；汤飞（2017）分析我国苏宁农村的电商模式，探讨农村生鲜农产品的运营策略、营销策略，通过 SWOT[①]分析认为农村电商生态圈尚未形成。

从国内外研究学术史看，国外学者对生鲜农产品电商发展的研究主要侧重于实证研究，通过数据建立模型提出更优的选择和建议；国内学者更多的是分析我国当前生鲜农产品发展现状和存在问题，更多的是将理论研究作为重点，少有文献是对数据进行实证分析。本章专门就新型职业农民生产的农产品的电商问题开

[①] SWOT 中，"S"指优势（strength），"W"指劣势（weakness），"O"指机会（opportunity），"T"指威胁（threat）。

展研究。

14.1 与生鲜农产品电商相关的概念界定

14.1.1 生鲜农产品

大多数学者认为,生鲜农产品主要是果蔬、肉类和水产,被合称为"生鲜三品"。鲜活程度是决定这些生鲜农产品价值的重要指标。生鲜农产品受自然规律制约,不同地区和季节对生鲜农产品的产量和质量的影响程度不同,我国生鲜农产品主产地在农村,主销地在城镇。

14.1.2 生鲜农产品电商运营模式

电商运营模式是经营主体确定细分市场和目标之后,通过组织内部特定的结构和在价值网中的位置,运用网络技术,与价值网上的各合作成员整合相关流程,最终满足顾客的需要,并给经营主体带来盈利的方式。生鲜农产品电商运营模式是指对生鲜农产品电子商务进行统筹,将基地或者供应商的产品转化为自身商品,以实现农产品价值最大化的一种方式。

14.2 新型职业农民生鲜农产品电商发展模式

14.2.1 "平台+直营+直销"模式

如图 14-1 所示,"平台+直营+直销"模式是生鲜农产品电商的基本模式,主要是指新型职业农民在淘宝、京东等第三方电商平台上建立网上商城,省去中间供应商,直接销售生鲜农产品,实现产销对接,新型职业农民能够根据消费需求

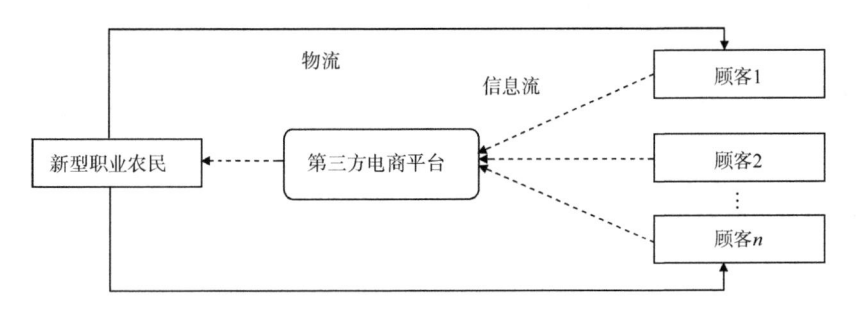

图 14-1 "平台+直营+直销"模式

进行农产品生产与采摘。

14.2.2　社区电商 O2O 模式

如图 14-2 所示，O2O 电商模式是线上与线下结合的模式，线上提供信息，线下提供体验，主要有电商平台、菜市场、实体店。该模式是线上下单，线下负责配送或自行取货，减少物流成本，提高消费者忠诚度。

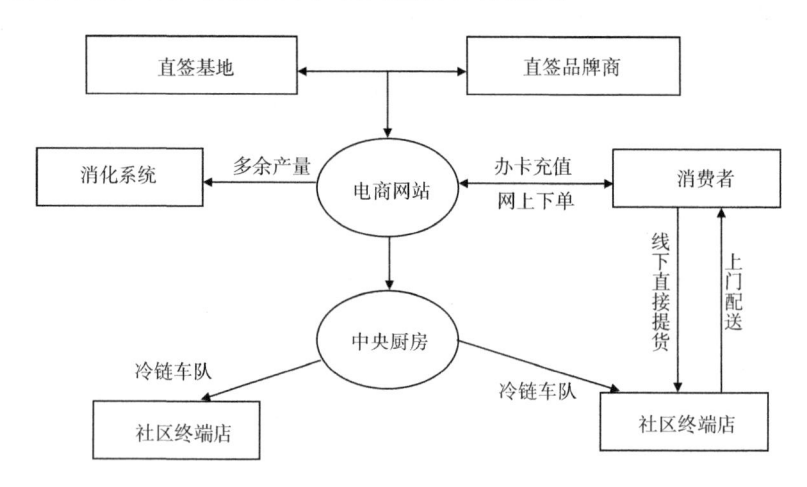

图 14-2　社区电商 O2O 模式

14.2.3　购销生鲜电商模式

如图 14-3 所示，购销生鲜电商模式是指生鲜电商平台的商品来源于供应商，顾客通过生鲜电商平台提交订单后，生鲜电商平台直接将订单信息传送到物流中心，由物流中心将生鲜农产品配送给顾客。

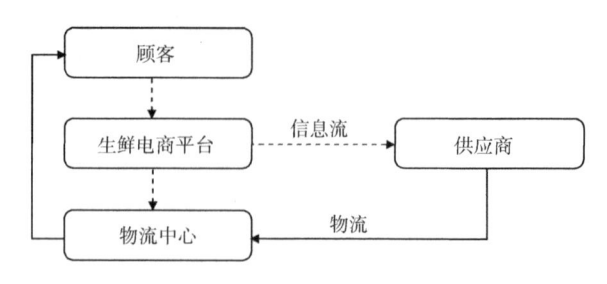

图 14-3　购销生鲜电商模式

14.3 新型职业农民生鲜农产品电商发展分析

本章选取湘潭县梅林桥镇为个案对新型职业农民发展生鲜农产品电商进行SWOT分析。

14.3.1 新型职业农民生鲜农产品电商发展优势

1. 区位优势

湘潭县位于湖南东部，梅林桥镇位于湘潭县易俗河镇南部，东与株洲市渌口区接壤，辖区面积为 160 平方千米，毗邻 107 国道，是连接城区与村镇的主要枢纽，为生鲜农产品运输提供便利，扩大梅林桥镇经济辐射地区。

2. 生产优势

湘潭县农业生产历史悠久，是古代著名的四大米市之一。近年来，梅林桥镇政府围绕农业增效、农村发展、农民增收这根主线，大力培育新型职业农民，着力调整农村产业结构，三年调出水田 3.55 万亩用于发展多种农村产业，其中湘莲 0.3 万亩、蔬菜 0.8 万亩、薯类 0.25 万亩。从事花卉、果木产业的新型职业农民 200 名；年出栏生猪 50 头以上的新型职业农民 240 名，年出笼家禽 1000 羽以上的新型职业农民 100 多名，从事养鹿、黑豚、牛蛙、无花果、食用仙人掌等产业的新型职业农民若干名。

湘莲已成为湘潭县特色农产品品牌，梅林桥镇以发展优质湘莲为重点，建设梅林桥镇湘莲种植基地和湘莲园区，实行规模化、规范化、特色化、品牌化开发与管理，打造"湘莲之乡"。

3. 人力优势

劳动力是生产生鲜农产品的保障，2017 年末，湘潭县户籍人口 97.15 万人，常住人口 86.53 万人，其中，农村人口 47.94 万人，农村人口约占 55.4%，梅林桥镇新型职业农民 4.9732 万人，为大力发展梅林桥镇生鲜农产品生产、加工和销售提供了充足的人力保障。

14.3.2 新型职业农民生鲜农产品电商发展劣势

1. 物流基础薄弱

湘潭县梅林桥镇农村道路、通信条件、网络设施、包装、运输、流通加工、存储等基础设施不完善，40%的新型职业农民家庭不具备上网条件，生鲜农产品信息采集困难。梅林桥镇农村淘宝京广服务站反映，物流配送体系不完善，只能集合圆通、申通等物流公司快递点，绝大部分农产品需要新型职业农民自行送服务站，这大大增加了新型职业农民的时间成本和空间成本。

2. 开发加工滞后

目前湘潭县梅林桥镇只能对湘莲进行初加工，没有形成完整的产业链，难以将湘莲特色农业资源转化为湘莲特色农产品品牌，大大降低了湘莲的商业化价值。同时，生鲜湘莲遇到保鲜技术难题，湘莲电商化发展缓慢；生鲜莲蓬保鲜成本高，物流难度大，损耗率较高，无法形成强大的市场竞争力。

3. 农民知识匮乏

受传统农业生产方式和文化水平普遍较低的双重影响，部分新型职业农民缺乏生鲜农产品电商运用知识。35%的新型职业农民家庭虽然装有宽带和Wi-Fi，但不会使用农村电商平台推销农产品，大部分农产品通过集市销售，这严重影响了农村生鲜农产品的电商发展。

14.3.3 新型职业农民生鲜农产品电商发展机会

1. 政策推动

近年来，中共湘潭县委、湘潭县人民政府审时度势、抢抓机遇，农村电商发展来势很好，与阿里巴巴集团签订战略合作协议，实施电商进农村计划，建有湘潭县农村淘宝服务中心，内设有特色产品展示区、仓储物流区、电商公共服务中心等平台，融电商管理、培训、企业孵化、仓储等功能于一体，为农村电商发展提供了良好的保障。

2. 需求增加

随着经济收入稳步增长，人民生活水平逐渐提高，人们对生鲜农产品的质量要求越来越高，市场上高质量、低残留的生鲜农产品供不应求，新型职业农民生产生鲜农产品具有很大的发展空间和广阔的市场前景。

14.3.4 新型职业农民生鲜农产品电商发展挑战

1. 生鲜农产品市场份额

湘潭县生鲜农产品市场容量小，供给弹性大，需求弹性小，生鲜农产品的品质和价格优势小，与县外生鲜农产品竞争激烈。因此，在生鲜农产品发展过程中，势必会受到市场冲击，影响县内生鲜农产品市场的占有量。

2. 生鲜农产品质量安全

生鲜农产品已成为人们日常生活的必需消费品，消费者对生鲜农产品的品质要求更高。特别是近年来食品安全事件时有发生，消费者十分担忧生鲜农产品的安全性，这就要求新型职业农民做到生鲜农产品生产、检测、运输、包装等环节都很安全，消除消费者顾虑，为此必须发展绿色农业、绿色物流、绿色电商。

14.3.5 新型职业农民生鲜农产品电商发展战略

如表14-1所示，WT战略将湘潭县梅林桥镇内部劣势和外部威胁的不利因素趋于最小，在实际运用中不主张这种战略，主要考虑WO、ST、SO三种战略。

表14-1 新型职业农民生鲜农产品电商发展战略分析

影响因素	战略组合
优势因素（S） 地理交通运输优势 生鲜农产品生产优势 劳动力优势	SO战略 借助政府政策支持机遇，引进优秀农村电商企业，构建物流配送中心，进一步完善当地物流发展制度，提高生鲜农产品电商化水平
劣势因素（W） 生鲜农产品物流基础薄弱 特色农业资源转化为特色农产品的开发加工滞后 新型职业农民电商知识较少	WO战略 改善物流基础设施，降低物流成本，开发特色生鲜农产品，提升特色农业资源附加值，延长特色农产品加工链，引进电商技术人才，提高新型职业农民的电商知识水平
机会因素（O） 政策落实和推动 生鲜农产品需求增加	ST战略 提高生鲜农产品品质，加强对农产品检测，积极扩大本地特色生鲜农产品优势，占领更多市场份额
威胁因素（T） 其他地区市场的挑战 消费者对生鲜农产品质量要求不断提高	WT战略 尽量避免当地生鲜农产品与外地生鲜农产品形成直接价格竞争，完善自身物流建设，提高物流配送管理水平

1. WO短期战略

湘潭县人民政府要加快实施电商人才引进战略，积极招商引资、引进人才，借助政策推动，加强电商人才培训，以智慧物流建设为引领，依托现有专业物流园区，推动第三方配送、共同配送快速发展，进一步提升物流综合服务水平和整体效率，推进湘潭县梅林桥镇电商服务站和村级服务点建设。

2. ST 中期战略

湘潭县人民政府要重视生鲜农产品物流网络建设，实现生鲜农产品物流网络管理系统数字化、信息化，建立智能型运输系统。学习借鉴国内外成功的农村电商模式，改进已有电商模式，将新型职业农民打造成新时代的电商人才，加快培育健康营养的生鲜农产品。成立湘潭县农产品检测中心，提高生鲜农产品检测标准，对特色电商产品进行权威质量认证，加强梅林桥镇特色农产品品牌建设，提升农产品的品质、价值和知名度。

3. SO 长期战略

湘潭县人民政府要优化农村产业结构，调整农业发展方向，打造现代农业、绿色农业，提高湘潭县农业产值和农业经济比重。建立梅林桥镇农民专业合作社和引进企业对湘莲进行深加工，将其加工成藕粉、莲心等附加品，增加农产品附加值；建立完整的农业产业链，将生鲜农产品、物流、互联网与农村电商发展紧密结合，建立当地农村电商模式，在市场上形成绝对竞争优势。

14.4 新型职业农民生鲜农产品电商发展的问题

14.4.1 新型职业农民电商素养低

我国部分新型职业农民文化水平不高，当问及新型职业农民是否熟悉生鲜农产品电商时，30%左右的新型职业农民回答"否"，这部分新型职业农民对电商知识缺乏全面、深刻、系统的掌握，是导致新型职业农民生鲜农产品卖难的重要原因之一。政府对新型职业农民的培训质量和培训效益监管不够，投入资金少，培训力度小，区域间发展不平衡，导致我国新型职业农民电商水平总体不是很高。

14.4.2 生鲜农产品物流成本高昂

生鲜农产品电商物流成本占总成本的比重较高，为60%左右。生鲜农产品的特殊性决定了其只能采用冷链物流运输，而冷链物流成本比一般物流成本高20%~30%，且生鲜农产品运输途中损耗率高，保鲜成本大，直接增加了生鲜农产品的物流成本。

14.4.3 生鲜农产品冷链设施落后

与北京、上海、江苏等经济发达的省市相比，中西部省市在冷链物流设施建设上滞后，用低温运输的车辆所占比重少，保温效果差，运行速度慢，缺乏冷冻配套设施运输车辆，而生鲜农产品在常温环境下易腐烂变质，第三方服务商的设施服务供应不够。虽然顺丰快递能提供冷链运输、仓储、包装服务，但顺丰快递重点在北京、天津、河北、湖北、安徽、广州、江苏、浙江、上海等区域进行冷链物流配送，而对中西部省市覆盖范围窄。

14.4.4 农村缺乏专业电商运营人才

农产品电商网站建设和维护、信息采集和发布、市场行情分析和反馈都需要专业电商人才，而目前农村缺乏具有电商操作能力的专业人才，严重影响农产品电商发展。

14.4.5 政府对企业建设扶持力度小

政府对生鲜农产品生产企业和电商企业建设投入少，缺乏强有力的宏观调控手段，尚未构建综合、高效的行政管理体系和生鲜农产品流通发展支持机制。近年来农产品安全事件时有发生，政府对农产品质量安全检测和监管力度不够，高标准的农产品质量安全监管体系和严密的法律法规体系亟待优化完善。

14.5 新型职业农民生鲜农产品电商发展的对策

14.5.1 提高新型职业农民的电商水平

政府要加大对新型职业农民培育经费支出，实施新型职业农民电商能力提升工程，将新型职业农民电商能力提升专项经费列入财政预算，依托商科类、财经类、农林类院校的优质教育教学资源，专设新型职业农民电商学历教育班或职业培训班，实行弹性学制，采取线上与线下相结合的混合式教学模式，以农村电商实践为主、理论为辅，通过现场观摩等多种学习方式，让新型职业农民不断学习电商理论知识，熟练掌握农村电商实践知识，整体提高新型职业农民的电商水平。同时政府要出台电商人才下乡优惠政策，吸引更多电商人才下乡。一方面，有利于做大做强农村电商产业，推动乡村产业振兴；另一方面，有助于指导和带动新型职业农民发展生鲜农产品电商，增强新型职业农民稳定从事农业生产经营管理的信心。

14.5.2　构建生鲜农产品物流信息平台

商务部门要汇集生鲜农产品物流信息，开发和完善物流信息平台，建立企业与新型职业农民及小农户间、企业与农业合作组织间、企业与企业间的信息沟通和共享空间。同时支持不同企业合作开发 App，搭建新型职业农民生鲜农产品供给与消费者生鲜农产品需求平台，打通生鲜农产品供求渠道，及时有效掌握市场需求变化情况，让新型职业农民放心生产生鲜农产品，让消费者安心消费生鲜农产品。

14.5.3　完善生鲜农产品设备设施建设

政府要完善并落实生鲜农产品生产、经营和管理设备设施，为新型职业农民生产新鲜农产品提供人财物保障。特别是生鲜农产品损耗率高，需要通过冷链设施进行安全运输，因而生鲜农产品对冷链物流的依赖度高。政府要支持企业更新冷链物流设施，降低生鲜农产品损耗率，提高生鲜农产品利润率。同时要加大投入力度，配备冷链运输车辆，提高冷链运输车辆的冷冻效果，还要完善第三方冷链物流服务商的服务体系，提高生鲜农产品冷链运输服务能力。

总的来说，通过对湖南省湘潭县梅林桥镇生鲜农产品电商案例的调研分析，发现湘潭县梅林桥镇的基础建设不完全，新型职业农民电商水平低，亟待在人财物方面加强湘潭县梅林桥镇生鲜农产品电商发展。今后，将选取更多的案例进行全面、深入的分析，为农村电商产业发展提供充足的学理支撑，在不久的将来让农村电商成为"互联网+"时代的电子商务蓝海。

第 15 章　新型职业农民农产品贸易竞争优势培育

近年来，我国主要农产品出现供过于求的现象，新型职业农民农产品生产成本快速上升，增产不增收的情况非常严重。加强新型职业农民发展已成为促进经济发展和维持社会稳定的关键，而培育新型职业农民的关键在于提高新型职业农民农产品市场竞争力，增加新型职业农民农产品收入。因此，在当前形势下，增强新型职业农民农产品的核心竞争力，保障新型职业农民增收显得尤为重要。

15.1　新型职业农民农产品贸易特点

15.1.1　销售渠道转向

新型职业农民是懂技术、善经营、会管理的"农商"，大多采取农产品销售新模式，将农产品放到线上去售卖，通过线上直接对接消费者或批量输出到农产品批发市场。这种线上销售模式，有效解决了农产品销售难题，帮助新型职业农民实现了增收。目前淘宝、天猫、京东等网站都为新型职业农民提供了农产品线上销售渠道。此外，微信、微博等新媒体也为农产品提供了线上销售平台。数据显示，2017年新型职业农民农产品线上销售的情况：淘宝销售额为 37 亿元，年均增速为 112.15%；天猫销售额为 25 亿元，年均增速为 107.36%；微店销售额为 9 亿元，年均增速为 102.51%。

15.1.2　品种丰富多样

新型职业农民通过已掌握的农业知识，充分了解适合当地种植的农产品类型和市场对农产品的需求状况，并适当搭配互补型农产品，不断丰富农产品种类，这不仅使消费者能买到需要的农产品，还增加了我国新型职业农民农产品出口量。数据显示，2017 年新型职业农民农产品出口量情况：小麦出口 341.2 万吨，同比增长13.5%；玉米出口316.8万吨，同比增长33.0%；大米出口356.2万吨，同比增长5.5%；大麦出口500.5万吨，同比增长53.4%；高粱出口664.8万吨，同比增长37.9%。

15.1.3 交易波动性大

受市场和季节的双重影响，农产品季节性强、生产周期长，市场价格稳定性差、变化快，导致农产品供求波动性大。正因为如此，新型职业农民对市场价格难以及时做出反应，因而只能在下个生产周期中调整农产品营销决策。新型职业农民一旦调整了农产品生产与供给策略，就很难在生产周期内做出改变，所以只能等待下期的农产品供给价格出现。

15.2 新型职业农民农产品贸易的问题

15.2.1 生产规模小，产品数量少

农业是受规模效应影响较大的产业，农业生产规模直接影响我国农产品的国际竞争力。因受地形地貌、土地流转和传统农民思想等多方面因素的影响，一部分新型职业农民从事规模化生产，一部分新型职业农民从事碎片化生产，且均缺少对农产品市场的调研，没有可行的种植计划，导致农产品供给不平衡的现象发生。

15.2.2 生产方式旧，产品质量差

政府部门每年都要发布一些农业技术规程或标准，但相当一部分农业技术规程或标准难以落实到位，而部分新型职业农民为追求短平快的农业效益，很少按照农业标准化生产方式，通过使用有机肥和物理防控手段生产农产品，依旧使用农药、化肥和除草剂等农业投入品，导致土壤破坏严重、农产品质量安全性差。据中国医学科学院检测，2006年我国新型职业农民生产的农产品蛋白质含量情况：春小麦为13%～15%；冬小麦为13%～14%；玉米为8%～9%，而赖氨酸等营养指标含量则偏低。

15.2.3 生产季节强，存储条件高

农产品易受自然条件和人工条件的束缚，仓储条件优越才能保障农产品品质优良。新型职业农民财力有限，也难以获得政府支持，无法建立储存仓库，造成

大量农产品低价集中上市，一旦造成大量农产品积压，就会给新型职业农民带来巨大损失。数据显示，我国冷库容量由2015年的3740万吨增长至2020年的7080万吨，冷藏车保有量由2015年的9.34万辆增长至2020年的28.7万辆，2025年将达到59.2万辆。这说明，随着我国冷链物流基础设施建设不断追赶及其物流网络不断完善，日益满足农产品冷链物流服务需求。从农产品流通情况来看，我国果蔬类、肉类、水产品类流通率分别为22%、34%、41%，水果、蔬菜、肉类、水产品损耗率分别为10%、19%、7%、9%，因而提高农产品冷链运输能力仍然任重道远[①]。

15.3 新型职业农民农产品贸易的对策

15.3.1 强力推进农业标准化生产

农业标准化生产是保证农产品质量安全的重要手段。政府部门要把好农业标准的前期、中期和后期各个阶段的关口，即前期阶段，征集农业标准选题，严格评审和实地考察农业标准项目的可行性；中期阶段，严格检查农业标准项目的研究与实践过程效果；后期阶段，强化经审查发布的农业标准的落地见效，加强实施监管，严格奖罚分明，确保农业标准出台一个就执行好一个，坚决防止农业标准走过场、不落实的现象发生。

15.3.2 切实解决农产品供求问题

一要加强农产品展示。在县城中心建立农产品展示一条街，在乡镇建立农产品展示点，为每个新型职业农民布置一个展位，三年内免展位费。同时引进农产品电商企业，为新型职业农民农产品电商运营提供指导和销售服务。二要加强农产品市场信息服务。参照58同城模式，将新型职业农民农产品信息不定期在电商平台上发布和更新，让消费者随时随地能够挑选到所需要的农产品。三要提供农业会展服务。为适应会展经济发展需要，农产品推广部门要构建农业会展服务体系，组织、指导农业企业、农业合作组织和专业大户参加各类会展活动。四要完善冷链物流体系。可考虑支持新型职业农民和农业企业建立冷链物流冷库，采取以奖代补的方式支持新型职业农民和企业购置冷藏车。

---

① 《我国农产品冷链物流行业现状：基础设施加速完善 政策助力体系建设》，https://www.chinabaogao.com/detail/612757.html[2022-10-13]。

15.3.3　着力提高农产品出产效率

一要解决农业适度规模经营问题。通过土地流转等形式将土地集中成片，由新型职业农民开展农业标准化生产、系统化投入、规模化产出，着力降低农业生产成本和提高农业规模效益。二要解决土地流转问题。以"菜单式"托管、"全程服务"托管、"收益"托管等多种模式，建立土地托管合作社，政府给予农业政策扶持和农业技术支撑，充分赋予其生产、经营和管理自主权。三要解决农业机械化生产问题。加大小型农机研发力度，生产适合南方丘陵地带小型田地的农机具，进一步优化农机购置补贴，尊重新型职业农民自行购买农机具的意愿，取消一切限制性农机购置政策。

15.3.4　秉持"五观"创建农产品品牌

农产品品牌是指新型职业农民在农业生产经营过程中通过取得相关质量认证，取得相应商标权，提升市场认知度，在社会上获得良好口碑的农业类产品，以获取较高经济效益。品牌与国家综合实力呈正相关。习近平多次强调，"中国产品向中国品牌转变"[①]。中国农业要从产量向质量转变，加快发展绿色农业，实现农村经济高质量发展。

2017年党的十九大作出了实施乡村振兴战略的重大决策部署，强调乡村振兴、产业兴旺是重点。创建农产品品牌是实现乡村产业兴旺的重要抓手，而新型职业农民是创建农产品品牌的重要主体，只有创建农产品品牌，新型职业农民才能在实施乡村振兴战略中谋求大发展，但在调研中发现，能完整回答出"什么是两品一标"等问题的新型职业农民仅占1.7%。由此可见，大多数新型职业农民不但对农产品品牌的创建认知度很低，而且对如何创建好农产品品牌是一头雾水。因此，新型职业农民创建农产品品牌只有秉持发展观、安全观、合作观、文明观和治理观"五观"，才能实现农产品品牌生态化、价值化、标准化、产业化和资本化。

一是发展观。农产品品牌的创建具有长期性，并非一蹴而就的短期行为，需要有科学的战略思维和长远的发展规划。新型职业农民创建农产品品牌要坚持"创新、协调、绿色、开放、共享"的发展观，农业农村部门要出台"新型职业农民农产品品牌创建5~10年发展规划"，从农产品品牌创建的目的、意义、内容和要求上作出明确规定，引导新型职业农民紧紧围绕新发展理念开展农产品品牌创建。

---

① 《推动"中国产品"向"中国品牌"转变》，https://jjsb.cet.com.cn/show_480302.html[2016-12-01]。

二是安全观。农业安全是国家安全的重要组成部分，关系到健康安全、社会安全和生态安全，而农产品质量安全是农业安全的生命线。目前，农产品品牌创建亟待解决品种资源安全、产品安全和环境安全三大关键技术问题。在从事农业生产经营过程中，新型职业农民要有强烈的安全意识、责任意识和全局意识，对待他人和对待自己一样，要用安全的种子、农业投入品从事农业生产，要用有机肥替代化肥生产绿色食品、有机食品，具有安全品质、营养品质、风味品质、生态品质和功能品质的农产品"五星"标准，实现无激素、无抗生素、无农药残留、无重金属污染和无病原微生物的"五无"农产品品质，确保餐桌上的农产品无毒无害，让全人类吃上放心的农产品，实现全人类健康安全，积极落实国家质量兴农战略，发展绿色化、优质化、特色化、品牌化农业。

三是合作观。农产品品牌的创建具有合作性，单打独斗难以成大气候，新型职业农民要有"开放、融通、互利、共赢"的合作意识，正如原农业农村部部长韩长赋所说，品牌就是信誉，就是信用，就是信任。新型职业农民要有强烈的"信誉、信用和信任"观念，要有抱团发展、锲而不舍的精神，要联袂成立农产品品牌创建协会，充分发挥协会的优势和作用，大力发展村级分布式生态循环农业，不能因一己私利而影响整体发展，拒绝自私自利、短视封闭的狭隘思想和行为，要构建开放型、包容型农产品品牌创建共同体。

四是文明观。在农产品品牌创建过程中，新型职业农民需要与小农户、农村经济组织、党政机关、企事业单位等发生业务往来，要以平和的心态和冷静的思维处理各种问题，不断提升自身的素养和农业生产经营水平，要"以文明交流超越文明隔阂，以文明互鉴超越文明冲突，以文明共存超越文明优越"，为农产品品牌创建营造一个良好的发展环境，实现农业增效、农民增收、农村增力。

五是治理观。党的十八届三中全会提出，全面深化改革的总目标是完善和发展中国特色社会主义制度，推进国家治理体系和治理能力现代化。农业农村部门要大力实施农业废弃物资源化利用整县推进行动，加强农产品品牌创建外部环境的治理，提升农业生产正外部性环境的价值。新型职业农民创建农产品品牌要有强烈的制度意识，不断完善和发展农产品品牌创建制度，坚持制度管事管人，不允许有违反制度的人和事存在，要在制度的框架下治理一切不利于农产品品牌创建的各种因素，以此推动新型职业农民携手建设农产品品牌命运共同体。

通过上述分析得出，新型职业农民农产品贸易竞争优势培育不是一朝一夕的事情，需要政府、部门、企业、社会和新型职业农民多方联动方可实现。除强力推进农业标准化生产、切实解决农产品供求问题、着力提高农产品出产效率外，更重要的是新型职业农民要秉持发展观、安全观、合作观、文明观和治理观"五观"创建农产品品牌，这样才能形成新型职业农民农产品贸易竞争优势。

参 考 文 献

安兴茹. 2016. 我国词频分析法的方法论研究（Ⅰ）——统计分析要素的界定、分类及问题[J]. 情报杂志，35（2）：43，75-80.

财政部. 2016. 关于做好2016年新型职业农民培育工作的通知（农办财〔2016〕38号）[EB/OL]. http://www.gov.cn/xinwen/2016-06/03/content_5079496.htm[2016-06-03].

蔡新会. 2008. 刘易斯-费景汉-拉尼斯模型中人力资本因素分析——兼论农村劳动力人力资本投资的重要性[J]. 现代经济（现代物业下半月刊），（3）：16-18.

陈富坤. 2011. 立足精勤细 躬身教与学[J]. 今日财富，（4）：98.

陈镜羽，黄辉. 2015. 我国生鲜农产品电子商务冷链物流现状与发展研究[J]. 科技管理研究，35（6）：179-183.

陈玲. 2017. 三圈理论视角下新型职业农民培育政策执行研究——以广西桂林市兴安县为例[D]. 桂林：广西师范大学.

陈鹏宇，冯晓英，孙洪涛，等. 2015. 在线学习环境中学习行为对知识建构的影响[J]. 中国电化教育，（8）：59-63，84.

陈斌，龙美霖. 2014. 知识建构：从理论到实践——来自香港的经验[J]. 中国电化教育，（8）：93-99.

陈向东，赵怡. 2008. 基于知识建构的在线异步交流评价[J]. 中国电化教育，（12）：44-48.

戴安娜. 2017. 生鲜农产品网购意愿影响因素及对策研究[D]. 湘潭：湖南科技大学.

邓聿文. 2003. 从传统农民到职业农民[J]. 科技信息，（12）：17-18.

丁红玲，郭晓珍. 2018. 新型职业农民培育制度体系框架构建研究[J]. 中国成人教育，（2）：152-160.

杜巍. 2014. 湖北省新型职业农民培育调研分析及对策[J]. 湖北农业科学，53（17）：4214-4218.

杜伟. 2015. 我国生鲜农产品电子商务发展中的用户体验问题研究[D]. 武汉：华中师范大学.

樊筱. 2017. 新型职业农民培训背景下农民培训多元需求研究——基于陕西省三个典型县的调查[D]. 咸阳：西北农林科技大学.

方凯. 2013. 我国农产品冷链物流的发展问题研究[D]. 武汉：华中农业大学.

付景远. 2005. 破解"职业农民建设难"的对策研究[J]. 农业经济，（12）：6-8.

付绪勇. 2017. 关于新型职业农民培育扶持政策落实情况的调研报告[J]. 时代农机，44（3）：243-244.

付志勇. 2015. 面向创客教育的众创空间与生态建构[J]. 现代教育技术，25（5）：18-26.

高向杰. 2017. 日本终身学习质量保障机制研究及启示[J]. 中国电化教育，（7）：47-52.

郭炯，霍秀爽. 2014. 网络教学研讨中教师协同知识建构研究[J]. 中国电化教育，（3）：101-109.

郭银. 2014. 从《莫雷尔法》看美国高等教育促进区域经济和社会发展的政策与实践[J]. 洛阳师范学院学报, 33 (1): 16-20.

郭智奇, 齐国, 杨慧, 等. 2012. 培育新型职业农民问题的研究[J]. 中国职业技术教育, (15): 7-13.

何晓琼, 钟祝. 2018. 乡村振兴战略下新型职业农民培育政策支持研究[J]. 中国职业技术教育, (3): 78-83.

何学军. 2017. 农民培训绩效综合评估模型建构研究[J]. 成人教育, 37 (1): 46-50.

洪淳, 黄秀琴, 王娟. 2010. 关于土地适度规模经营问题的探讨[J]. 全国商情 (理论研究), (18): 77, 83.

胡林招. 2014. 新型职业农民培育问题研究[J]. 广东农业科学, 41 (7): 233-236.

华芳英. 2015. 现代新型职业农民的特征趋向与培育路径[J]. 继续教育研究, (6): 37-40.

黄敏. 2016. 生鲜农产品电子商务运营模式优化研究[D]. 上海: 上海工程技术大学.

霍生平, 韩丹. 2018. 基于创业素质的农民创客智能培育研究[J]. 西华大学学报 (哲学社会科学版), 37 (3): 79-86.

霍生平, 刘鑫慧, 吴易雄. 2019. 新型职业农民培育云平台的构建及应用[J]. 经济与管理, (3): 52-58.

霍生平, 涂海浪, 吴易雄. 2016. 新型职业农民知识分享空间的构建及应用[J]. 职业技术教育, 37 (19): 51-56.

纪文婷. 2015. 我国新型职业农民培育政策的萌发与完善[D]. 长沙: 湖南农业大学.

姜海军. 2017. 新型职业农民培育存在的问题及对策建议——以江苏省淮安市为例[J]. 当代继续教育, 35 (5): 12-17.

蒋银健, 郭绍青. 2014. 基于知识建构的教师专业发展模型构建研究[J]. 中国电化教育, (6): 89-93, 106.

金慧, 张建伟, 孙燕青. 2014. 基于网络的知识建构共同体: 对集体知识发展与个体知识增长的互进关系的考察[J]. 中国电化教育, (4): 56-62.

鞠晓晖, 朱玉东, 陈雨生. 2016. 美国农业物联网生产服务体系建设及对中国的启示[J]. 世界农业, (7): 39-43.

康静萍, 汪阳. 2015. 中国新型职业农民短缺及其原因分析——基于安徽省寿县的调查[J]. 当代经济研究, (4): 73-81.

况姗芸, 蔡佳, 肖卫红, 等. 2014. 知识建构的有效途径: 基于知识可视化的辩论[J]. 中国电化教育, (10): 106-111.

雷鸣强, 吴易雄. 2019. 关于加强和改进新型职业农民培育工作的思考[J]. 教育与职业, (14): 44-46.

黎家远. 2015. 新型职业农民培育中的财政支持问题研究——以四川省为例[J]. 农村经济, (5): 113-117.

李宝值, 杨良山, 黄河啸, 等. 2019. 新型职业农民培训的收入效应及其差异分析[J]. 农业技术经济, (2): 135-144.

李波. 2018. 在全国新型职业农民培育经验交流和信息化工作推进会上的讲话[J]. 农民科技培训, (1): 7-9.

李国祥，杨正周. 2013. 美国培养新型职业农民政策及启示[J]. 农业经济问题，34（5）：93-97，112.

李红艳，牛畅，汪璐蒙. 2019. 网络时代农民的信息获取与信息实践——基于对北京市郊区农民培训的调研[J]. 新闻与传播研究，26（4）：45-61，126-127.

李慧静. 2015. 现代农业发展中的职业农民培育研究[D]. 哈尔滨：东北林业大学.

李娟梅. 2018. "田园综合体"发展背景下新型职业农民培育框架体系构建[J]. 继续教育研究，（6）：50-53.

李克东. 2013. 应用可视化思维工具，促进学生思维能力发展[J]. 中国信息技术教育，(Z1)：7-9.

李瑶. 2017. 国（境）外农业教育体系新论——全国教育科学规划课题"新型职业农民教育培养重大问题研究"比较研究成果选介[J]. 职业技术教育，38（15）：31-34.

李义东，姜安心. 2017. 新型职业农民培育工程教学模式创新[J]. 江西农业，（9）：135-136.

李逸波，周瑾，张亮，等. 2018. 未来新型职业农民培育的需求与方向分析——基于我国新型职业农民培训需求调查[J]. 高等农业教育，（3）：119-123.

刘畅. 2018. 新型职业农民"双创"能力培养路径探讨[J]. 中国成人教育，（23）：170-173.

刘崇龙. 2015. 生鲜农产品电子商务发展研究[D]. 武汉：华中师范大学.

刘德敏，王雄，张岳. 2016. 以学科为支撑、以项目为载体培育高级职业农民模式——以西北农林科技大学为例[J]. 成人教育，36（4）：73-75.

刘东红，周建伟，莫凌飞. 2012. 物联网技术在食品及农产品中应用的研究进展[J]. 农业机械学报，43（1）：146-152.

刘红亚. 2015. 长沙市生鲜果蔬农产品物流模式优化研究[D]. 长沙：中南林业科技大学.

刘平平. 2013. 长沙市生鲜农产品营销渠道优化研究[D]. 长沙：中南林业科技大学.

刘思含. 2016. "培育新型职业农民"政策执行中政府工具的选择研究[J]. 中国集体经济，（25）：65-66.

刘晓英. 2008. 我国劳动力流动的深层原因分析[J]. 郑州大学学报（哲学社会科学版），（3）：69-71.

鲁布碧，田书芹. 2018. 新型职业农民培训经费补助的三种模式及其比较研究[J]. 成人教育，38（8）：53-55.

吕莉敏. 2017. 新型职业农民培育的政策变迁与趋势——基于2012-2017年相关政策的分析[J]. 职教论坛，（16）：26-31.

吕雅辉，张润清，张亮，等. 2018. 新型职业农民培育"阳晨模式"研究[J]. 农业经济问题，（11）：38-49.

马宁，崔志军，曾敏. 2018. 以协同知识建构为核心的教师混合式研训效果研究——基于内容分析的方法[J]. 中国电化教育，（9）：117-122，131.

迈克尔·P. 托达罗. 1992. 经济发展与第三世界[M]. 印金强，赵荣美，译. 北京：中国经济出版社.

孟祥宝，谢秋波，刘海峰，等. 2014. 农业大数据应用体系架构和平台建设[J]. 广东农业科学，41（14）：173-178.

米松华，黄祖辉，朱奇彪. 2014. 新型职业农民：现状特征、成长路径与政策需求——基于浙江、湖南、四川和安徽的调查[J]. 农村经济，（8）：115-120.

参 考 文 献

莫凡. 2018. 基于乡村振兴战略的农业创客"微创新"素养培育与团队构建研究[J]. 理论导刊，（4）：92-97.

倪慧，万宝方，龚春明. 2013. 新型职业农民培育国际经验及中国实践研究[J]. 世界农业，（3）：134-137.

欧阳忠明，杨亚玉. 2017. 新型职业农民的职业化学习图景叙事探究[J]. 现代远程教育研究，（4）：59-69.

珮鑫. 2015. 培育新型职业农民急需政策扶持[N]. 辽宁日报，2015-08-13（9）．

彭绍东. 2015. 混合式协作学习中知识建构的三循环模型研究[J]. 中国电化教育，（9）：39-47.

任玉霜. 2016. 基于新型农业经营主体的职业农民培育研究[D]. 长春：东北师范大学.

单武雄. 2014. 我国新型职业农民培育问题研究——基于湖南省石门县500份调查问卷的分析[J]. 职业技术教育，35（16）：71-74.

沈红梅，霍有光，张国献. 2014. 新型职业农民培育机制研究——基于农业现代化视阈[J]. 现代经济探讨，（1）：65-69.

史明艳. 2017. 国外远程教育应用于新型职业农民培养的价值及意义[J]. 继续教育研究，（5）：111-113.

孙雷. 2015. 着力发展农业物联网 促进都市农业现代化[J]. 上海农村经济，（8）：4-8.

孙立，吴易雄. 2019. 泛在学习环境下新型职业农民知识建构研究[J]. 中国电化教育，（6）：73-79.

孙书光，翟印礼. 2015. 近年来中央一号文件关于新型职业农民培育政策演进[J]. 农业经济，（11）：75-77.

孙忠富，杜克明，郑飞翔，等. 2013. 大数据在智慧农业中研究与应用展望[J]. 中国农业科技导报，15（6）：63-71.

谭崇台. 1999. 发展经济学的新发展[M]. 武汉：武汉大学出版社.

汤飞. 2017. 苏宁农村电商O2O模式的研究[D]. 昆明：云南财经大学.

唐莹，黄尧，曹小宇，等. 2016. 基于CSA模式的都市农业创客空间构建研究[J]. 情报探索，（6）：23-27.

童洁，李宏伟，屈锡华. 2015. 我国新型职业农民培育的方向与支持体系构建[J]. 财经问题研究，（4）：91-96.

王爱云. 2011. 农村信息服务云模式探讨[J]. 理论视野，（6）：71-72.

王崇锦. 2013. 我国农产品电子商务模式研究[D]. 武汉：华中师范大学.

王春艳，林玉秋，李秀娟. 2018. 新型职业农民培育教学模式探析[J]. 现代农业科技，（16）：275，277.

王锋. 2013. 信息技术与教育教学深度融合：开放大学建设的重中之重[J]. 中国医学教育技术，27（3）：258-262.

王娟娟. 2014. 基于电子商务平台的农产品云物流发展[J]. 中国流通经济，28（11）：37-42.

王楠，张伟远，苟江凤. 2019. "互联网+"背景下新型职业农民群体终身学习现状及发展建议研究[J]. 中国电化教育，（6）：63-72.

王庆云，李成华，王力红. 2015. 关于新型职业农民培育工程的意义及政策建议[J]. 农业与技术，35（24）：206.

王弢，黄彦芳，李凌. 2017. 发展—需求视角下北京地区新型职业农民培育研究[J]. 西北成人教育学院学报,（5）：21-26.
王晓晨,孙艺璇,姚茜,等.2017.开放教育资源：共识、质疑及回应[J].中国电化教育,（11）：52-59.
温忠麟,叶宝娟.2014.中介效应分析：方法和模型发展[J].心理科学进展,22（5）：731-745.
文军.2018.大力培育新型职业农民[N].人民日报,2018-07-23（7）.
吴疆.2015.云计算在农业综合信息化服务中的应用[J].科技展望,25（16）：11.
吴易雄,张扬.2020.新型职业农民培育政策研究态势分析[J].教育评论,（6）：29-35.
吴易雄.2014a.城镇化进程中新型职业农民培养的困境与突破——基于湖南株洲、湘乡、平江三县市的调查[J].职业技术教育,35（28）：70-75.
吴易雄.2014b.新型职业农民培育现状与对策研究——基于湖南省平江县和醴陵市的实证分析[J].职业技术教育,35（7）：57-61.
吴易雄.2015.农业信息化发展与新型职业农民培养——以湖南省的实践为例[J].职业技术教育,36（22）：49-54.
吴易雄.2017.城镇化进程中"五位一体"的新型职业农民培养体系构建与实践[M].长沙：中南大学出版社.
吴易雄.2019a.创建农业品牌要秉持"五观"[N].长沙晚报,2019-05-09（11）.
吴易雄.2019b.优化营商环境 助力乡村振兴[N].长沙晚报,2019-07-04（10）.
吴易雄.2019c.综合施策破解乡村产业发展难题[C]//宋亚平.三农中国.武汉：崇文书局：30-36.
西奥多·W.舒尔茨.1987.改造传统农业[M].梁小民,译.北京：商务印书馆.
习近平.2014.谈粮食安全与新型职业农民培养[J].农民科技培训,（1）：1.
习近平.2017.决胜全面建成小康社会 夺取新时代中国特色社会主义伟大胜利——在中国共产党第十九次全国代表大会上的报告[M].北京：人民出版社.
习近平.2018.乡村振兴战略是一篇大文章[N].新华每日电讯,2018-03-09（1）.
夏鹏.2017.基于"农超对接"的生鲜农产品供应链研究[D].杭州：浙江理工大学.
夏益国,宫春生.2015.粮食安全视阈下农业适度规模经营与新型职业农民——耦合机制、国际经验与启示[J].农业经济问题,36（5）：56-64,111.
肖菲,王桂丽.2016.我国新型职业农民培育政策沿革探究[J].江苏开放大学学报,27（2）：36-41,65.
肖俊彦.2016.构建培育我国新型职业农民的政策框架[J].中国经贸导刊,（21）：52-55.
欣然.2012.国外职业农民培训模式[J].农民科技培训,（11）：51.
徐辉,孔令成,张明如.2018.新型职业农民农业生产效率的三阶段DEA分析[J].华东经济管理,32（8）：177-184.
徐辉.2016.新常态下新型职业农民培育机制的构建——基于7省21乡（镇）63个村的调查[J].现代经济探讨,（11）：50-54.
闫志利,蔡云凤.2014.新型职业农民培育：历史演进与当代创新[J].职教论坛,（19）：59-64.
杨成明,张棉好.2014.多重视阈下我国新型职业农民培育问题研究[J].职业技术教育,35（28）：76-82.
姚斌.2015.生鲜农产品O2O运作模式的研究——以O2O便利店为例[D].杭州：浙江工业大学.

叶俊焘，米松华. 2014. 新型职业农民培育的理论阐释、他国经验与创新路径——基于农民现代化视角[J]. 江西社会科学，34（4）：199-204.
尤志. 2018. "互联网+"时代农业创客发展模式与趋势[J]. 北方园艺，（3）：197-202.
于旻生，温书宇. 2013. 国家开放大学 让全民终身学习无处不及[J]. 中华儿女，（5）：120-122.
余欣荣. 2013. 关于发展农业物联网的几点认识[J]. 中国科学院院刊，28（6）：679-685.
苑梅. 2016. 培育新型职业农民的财税政策建议[J]. 中国财政，（15）：56-58.
岳志坤. 2011. 网上教学创新模式下电大在线学习资源的栏目设计[J]. 甘肃广播电视大学学报，21（2）：69-71.
曾一春. 2012. 培育新型职业农民需完善制度设计强化配套政策[J]. 农民科技培训，（9）：6-9.
詹青龙，李亚红，郭桂英. 2015. 学习型社区媒介环境的要素特质与学习方式[J]. 中国电化教育，（6）：47-50，58.
张洪. 2017. 培育新型职业农民亟需政策保障[N]. 重庆日报，2017-03-13（3）．
张虎，田茂峰. 2007. 信度分析在调查问卷设计中的应用[J]. 统计与决策，（21）：25-27.
张丽，王海丽. 2017. "互联网+"背景下聊城市新型职业农民创新创业培训路径设计[J]. 中国成人教育，（15）：157-160.
张亮，张润清，张岩峰，等. 2010. 新型农民培训供需分析——基于河北省农民培训问卷的调查[J]. 西北农林科技大学学报（社会科学版），10（2）：26-29.
张玲，任利成. 2015. 大数据在农业信息化中的应用机制与价值创造[J]. 安徽农业科学，43（34）：341-344，349.
张桃林. 2012. 加快形成新型职业农民培育的政策和措施体系 力求取得六大新突破[J]. 农民致富之友，（6）：1.
张天琪. 2018. 胡格教学模式在新型职业农民教育培训中的实践应用[J]. 北京农业职业学院学报，32（5）：81-86.
张伟远，傅璇卿. 2013. 搭建终身学习立交桥的七大任务：基于香港的实践[J]. 中国远程教育，（10）：5-10，95.
张晓山. 2012. 建立职业农民的注册登记制度培育从事现代农业的主力军[J]. 农村工作通讯，（7）：30.
张笑宁，赵丹，陈遇春. 2018. 新型职业农民培育政策的绩效评估及改进——基于CIPP评估模型[J]. 职业技术教育，39（16）：63-67.
张研. 2011. 物联网在现代农业中的应用与前景展望[D]. 哈尔滨：东北农业大学.
张义兵，孙俊梅，陈娟，等. 2013. 基于电子书包的知识建构学习——四年级小学生的写作分析[J]. 中国电化教育，（12）：122-126.
张哲. 2017. 探讨我国生鲜农产品电商发展瓶颈及出路——以广西荔枝为例[D]. 武汉：华中师范大学.
张中华. 2016. 政策扶持——新型职业农民培育的关键所在[J]. 四川农业与农机，（2）：16.
赵海霞. 2013. 网络环境下基于问题的协作知识建构设计与实践——以大学生"结构化学"课程教学改革为例[J]. 中国电化教育，（1）：100-105.
赵建华. 2007. 知识建构的原理与方法[J]. 电化教育研究，（5）：9-15，29.
赵如，张春和. 2016. 论我国新型职业农民社会价值的创造与机制构建[J]. 求索，（9）：48-53.

赵兴国. 2015. 十堰电大约课走进企业现场导学[N]. 湖北广播电视大学报，2015-12-01（2）.

植玉娥. 2015. 成都市新型职业农民培育扶持政策的实施效果及影响因素研究[D]. 雅安：四川农业大学.

中央农业广播电视学校，农业农村部科技教育司. 2017. 2017年全国新型职业农民发展报告[M]. 北京：中国农业出版社.

钟扬，刘克勤. 2018. 新型职业农民培育的调查与建议[J]. 成人教育，38（10）：53-58.

钟涨宝，贺亮. 2016. 农户生计与农村劳动力职业务农意愿——基于301份微观数据的实证分析[J]. 华中农业大学学报（社会科学版），(5)：1-9, 143.

钟志贤. 2005. 知识建构、学习共同体与互动概念的理解[J]. 电化教育研究，(11)：20-24, 29.

周杉，代良志，雷迪. 2017. 我国新型职业农民培训效果、问题及影响因素分析——基于西部四个试点县（市）的调查[J]. 农村经济，(4)：115-121.

朱启臻，胡方萌. 2016. 新型职业农民生成环境的几个问题[J]. 中国农村经济，(10)：61-69.

朱启臻. 2013. 新型职业农民特征、地位与存在形式[J]. 农民科技培训，(11)：10-12.

Abu-Elkheir M, Hayajneh M, Alin N A. 2013. Data management for the internet of things: design primitives and solution [J]. Sensors, 13（11）：15582-15612.

Altman D G, Bland J M. 2003. Interaction revisited: the difference between two estimates[J]. British Medical Journal, 326（7382）：219.

Bagozzi R, Yi Y. 1988. On the evaluation of structural evaluation models[J]. Journal of the Academy of Marketing Science,（16）：74-94.

Balamohan T N, Velusamy R, Sivakumar S D, et al. 2019. An impact of training on knowledge level of participants of farmer's producer companies[J]. International Journal of Agricultural Science and Research, 9（4）：143-148.

Banker R D, Mitra S. 2007. Procurement models in the agricultural supply chain: a case study of online coffee auction in India[J]. Electronic Commerce Research and Applications, 6（3）：309-321.

Baumgartner H, Homburg C. 1996. Applications of structural equation modeling in marketing and consumer research: a review[J]. International Journal of Research in Marketing, 13(2)：139-161.

Berdie D R. 1989. Reassessing the value of high response rates to mail surveys[J]. Marketing Research, 1（3）：52-64.

Bernardi P, Demartini C, Gandino F, et al. 2007. Agri-food traceability management using a RFID system with privacy protection[J]. International Conference on Advanced Networking and Applications: 68-75.

Dabbene F, Gay P, Sacco N. 2008. Optimization of fresh-food supply chains in uncertain environments[J]. Biosystems Engineering,（99）：348-359.

Duncan O D. 1975. Introduction to Structural Equation Models[M]. New York：Academic Press.

Edwards J R, Lambert L S. 2007. Methods for integrating moderation and mediation: a general analytical framework using moderated path analysis[J]. Psychological Methods, 12（1）：1-22.

Fritz M S, MacKinnon D P. 2007. Required sample size to detect the mediated effect[J]. Psychological Science, 18（3）：233-239.

Galtier F. 2014. Agricultural market information systems in developing countries: new models, new impacts[J]. General Review, (23): 232-244.

Gondwe T M, Alamu E O, Musonda M, et al. 2017. The relationship between training farmers in agronomic practices and diet diversification: a case study from an intervention under the Scaling Up Nutrition programme in Zambia[J]. Agriculture & Food Security, 6 (1): 72.

Gunawardena C N, Lowe C A, Anderson T. 1997. Analysis of a global online debate and the development of an interaction analysis model for examining social construction of knowledge in computer conferencing[J]. Journal of Educational Computing Research, 17 (4): 397-431.

Hair J F, Anderson R E, Tatham R L, et al. 1998. Multivariate Data Analysis[M]. Upper Saddle River, NJ: Prentice Hall.

Jorgenson D W. 1961. The development of dual economic[J]. Economic Journal, 71 (6): 309-334.

Kahneman D, Tversky A. 1979. Prospect theory: an analysis of decision under risk[J]. Econometrica, 47 (2): 263-292.

Kaloxylos A, Eigenmann R, Teye F, et al. 2012. Farm management systems and the future internet era[J]. Computers and Electronics in Agriculture, 89 (5): 130-144.

Kataike J, Modekurti D P V, Butali E, et al. 2018. A parametric test evaluating smallholder farmers'training needs in Uganda[J]. Journal of Agribusiness in Developing and Emerging Economies, (8): 537-553.

Mariyono J. 2019. Farmer training to simultaneously increase productivity of soybean and rice in Indonesia[J]. International Journal of Productivity and Performance Management, 68 (1): 1120-1140.

Miorandi D, Sicari S, Pellegrini F D, et al. 2012. Internet of things: vision, applications and research challenges[J]. Ad hoc networks, 10 (7): 1497-1516.

Montes R, Gea M, Bergaz R, et al. 2014. Generating lifelong learning communities and branding with massive open online courses[J]. Information Resources Management Journal, 27 (2): 27-46.

Nakano Y, Tsusaka T W, Aida T, et al. 2018. Is farmer-to-farmer extension effective? The impact of training on technology adoption and rice farming productivity in Tanzania[J]. World Development, 105: 336-351.

Oberti R, Marchi M, Tirelli P, et al. 2016. Selective spraying of grapevines for disease control using a modular agricultural robot[J]. Biosystems Engineering, 146: 203-215.

Opolot H N, Isubikalu P, Obaa B B, et al. 2018. Influence of university entrepreneurship training on farmers'competences for improved productivity and market access in Uganda[J]. Cogent Food & Agriculture, 4 (1): 1-16.

Pena-Shaff J B, Nicholls C. 2004. Analyzing student interaction and meaning construction in computer bulletin board discussions[J]. Computers & Education, 42 (3): 243-265.

Power D J. 2014. Using'big data'for analytics and decision support [J]. Journal of Decision Systems, 23 (2): 222-228.

Pratiwi A, Suzuki A. 2017. Effects of farmers'social networks on knowledge acquisition: lessons from agricultural training in rural Indonesia[J]. Journal of Economic Structures, 6 (8): 1-23.

Putler D S, Zilberman D. 1988. Computer use in agriculture: evidence from tulare county, California[J]. American Journal of Agricultural Economics, 70 (4): 790-802.

Raine-Eudy R. 2000. Using structural equation modeling to test for differential reliability and validity: an empirical demonstration[J]. Structural Equation Modeling: A Multidisciplinary Journal, 7 (1): 124-141.

Ren Y J, Li M L, Wu Y X. 2015. Design and application of distance education platform for the new professional peasant[J]. International Journal of Emerging Technologies in Learning, 10 (4): 66-71.

Rovira-Más F, Chatterjee I, Sáiz-Rubio V. 2015. The role of GNSS in the navigation strategies of cost-effective agricultural robots[J]. Computers and Electronics in Agriculture, 112: 172-183.

Ruiz G, Steinberger G, Rothmund M.2010.A model and prototype implementation for tracking and tracing agricultural batch products along the food chain[J]. Food Control, (21): 112-121.

Stahl G. 2000. A Model of Collaborative Knowledge-Building[A]. In B.Fishman&S.O'Connor-Divelbiss. Fourth International Conference of the Learning Sciences[C]. Mahwah, NJ: Erlbaum: 70-77.

Suprem A, Mahalik N, Kim K. 2013. A review on application of technology systems, standards and interfaces for agriculture and food sector[J]. Computer Standards & Interfaces, 35(4): 355-364.

Tabachnick B G, Fidell L S. 2007. Using Multivariate Statistics[M]. 5th ed. Boston: Pearson Education, Inc.

Tversky A, Kahneman D. 1992. Advances in prospect theory: cumulative representation of uncertainty[J]. Journal of Risk and Uncertainty, 5 (4): 297-323.

Veldhuis-Diermanse A E. 2002. CSC learning? Participation, learning activities and knowledge constriction in computer-supported collaborative learning in higher education[D]. Wageningen: Wageningen University.

Waga D O. 2013. Environmental conditions'big data management and cloud computing analytics for sustainable agriculture [J]. Social science electronic publishing, (3): 45-52.

Wen W. 2007. A knowledge-based intelligent electronic commerce system for selling agricultural products[J]. Computer Sand Electronic in Agriculture, (57): 33-46.

Whitley N C, Davies L, Gaskin J, et al. 2018. 123 Small ruminant beginning farmer training[J]. Journal of Animal Science, 96 (1): 65-66.

Zhao X S, Lynch J G, Chen Q. 2010. Reconsidering baron and kenny: myths and truths about mediation analysis[J]. Journal of Consumer Research, 37 (2): 197-206.